최초는
두렵지
않다

# 최초는 두렵지 않다

구지은, 아버지 구자학을 기록하다

아워홈의 전 구성원과 함께
이 책을 아버지 고故 구자학 회장에게 바칩니다.

# 서문

## '창업가' 구자학론

고 구자학 회장의 막내딸 구지은입니다.
1주기를 맞아 아버지의 기록을 찾고 정리하면서
새로운 깨달음이 있었습니다.
아버지가 돌아가시고 비로소 아버지의 길을 따라 걷고 있음을 알게
되었습니다. 보이지 않는 것이 보이고 들리지 않는 것이 들렸습니다.

아버지의 도전과 경험은 한국 경제의 도전사이자 성장사였습니다.
아버지는 경남 진주의 지수면(당시 진양군)에서 LG가의 6남4녀 가운데
셋째 아들로 태어났습니다. 이곳은 한국 경제사의 커다란 동맥인 LG의
창업주 구인회, 삼성의 창업주 이병철이 함께 지수보통(초등)학교를 다니며
유년을 보낸 곳입니다.
아버지는 해군사관학교를 나와 장교가 된 후 삼성가의 딸과 결혼해
미국 오하이오에서 경제학을 공부하고 돌아왔습니다.
당시 삼성물산의 소유였던 한일은행 행원부터 시작해 울산비료 경리부장,
제일제당 기획부장으로 일을 익혔습니다. 동양TV 이사, 금성사 상무,
금성판매 전무 이사, 금성통신 부사장으로 회계·기획·영업을 거쳐 경영의
전면에 나서게 됩니다.
아버지는 광업제련 대표이사를 시작으로 호텔신라의 초대사장이
되었습니다. 그리고 중앙개발(삼성물산), 럭키(LG화학), 금성사(LG전자),
금성일렉트론(LG반도체), LG건설(GS건설)까지,
CEO는 30년간 아버지의 직업이었습니다.
아버지는 미디어, 호텔, 레저, 화학, 반도체, 전자, 건설 등
전 영역을 맡아본 전방위 CEO였습니다.

아버지의 삶을 보면 끊임없이 앞으로 나아가는 한국 경제가 보입니다.

신라호텔을 짓고 자연농원을 만들면서,

한국의 화장품을 해외에 수출하면서,

석유를 사오는 산유국에 거꾸로 석유화학 기술을 팔면서,

유럽에 TV 공장을 지으면서,

반도체 산업을 개척하면서,

아버지가 만들어낸 수많은 '처음'은 기업을 키우고 한국 경제를 키웠습니다.

자원도, 돈도, 기술도 없던 시절 아이디어와 의지만으로

맨땅을 일구었습니다.

당신처럼 한국 경제의 양대 산맥인 LG와 삼성을 오가며

가는 곳마다 새로운 업을 창출해낸 사람은 없을 것이라고 생각합니다.

우리나라 사람들이 잘살았으면 좋겠다는 보국경영 정신은

당신 일생의 확고한 신념이었습니다.


아버지의 시선과 생각은 늘 10~20년 앞서 있었습니다.

시대를 앞서 읽어내는 혜안은 지금 보아도 신선하고 놀랍습니다.

지금 우리가 말하는 '미래학자' 같았습니다.

아버지의 경영은 거대한 산맥을 그리는 듯했습니다.

그런 스케일을 품은 사람은 처음 봤다는 얘기도 자주 들었습니다.

넓이와 규모가 달랐다고 합니다.

산업이 주먹구구일때조차 그렇게 연구를 좋아하는 사람은

어디서도 찾기 어려웠다고 합니다.

직원들을 대할 때면 아랫사람이라고 생각하지 않고

적임자에게 전권을 주었다고 합니다. 완전히 다 주었다고 합니다.

혼자 결정하지 않고 항상 물어보고 상의해서 결정했다고 합니다.

현장의 반응이 긍정적이면 서슴없이 실행에 옮겼습니다.

아버지를 통해 오늘 저는 진정한 CEO, 리더의 모습을

그릴 수 있게 되었습니다.

아버지는 화학·전자·반도체·건설까지 LG그룹의 핵심 기반을 다진

전설적인 경영자였습니다.

그래서 그간의 인연을 접고 70세의 나이에

LG유통의 가장 작은 아워홈 사업부를 분사 독립해 설립할 때

많은 분이 의아해했습니다.

아버지의 역량에 비해 너무 작은 규모의 사업이라는 의견들이었습니다.

하지만 아버지는 남다른 모습을 보였습니다.

환한 웃음을 머금은 채,

"난 아주 좋아. 크게 키우면 된다.

회사 이름도 '아워홈' 그대로 쓸 거다. 얼마나 좋아. 아워홈!"

하면서 의욕에 넘치던 모습을 또렷이 기억합니다.

아버지는 LG가의 아들이자, 삼성가의 사위였지만

철저한 전문경영인의 자리에서 40년간 발로 뛰었습니다.

그래서 당신이 더욱 자신만의 처음을 갈망했던 건지도 모르겠습니다.

그날 아버지는 가업과 가문에서 벗어나

자신만의 업을 일구는 진정한 오너가 되었습니다.


당신은 어린 시절 배고픔의 기억에서 이어지는 음식에서부터

다시 새 사업을 시작했습니다.

이는 미국 유학 시절 자연스럽게 김치를 담가 팔았던

오래전 시작점과의 만남이기도 합니다.

커다란 기업에서 작은 기업으로 내려온 게 아니라

영혼의 중심으로 돌아온 것입니다.

어쩌면 아버지야말로 대기업에서는 보기 힘든

'덕업일치'의 첫 번째 창업가가 아니었을까요.

70세의 나이에 누구의 도움도 받지 않고 진정 좋아하는 것을 좇은

아버지의 창의와 도전은 그래서 남다른 것이었습니다.

저는 아버지가 행복하셨다고 생각합니다.

아버지는 "기업은 상품이 아니라 산업을 만드는 것"이라고

늘 강조했습니다.

작은 급식 사업부였던 아워홈은 아버지의 손에서 커다란

종합식품기업으로 성장했습니다.

당신은 업계 최초로 조리 시간을 줄이는 센트럴 키친을 만들었습니다.

식품 공장을 반도체 공장처럼 짓고 최신 기계를 쉼 없이 들였습니다.

"앞으로는 소스의 시대다."

당신은 무려 20년 전에 '소스의 시대'를 내다보고

최고 수준의 B2B소스와 가정간편식HMR 제품을 만들어냈습니다.

물류 인프라의 중요성을 예견하고 70세의 나이에도

전국 곳곳의 부지를 찾아다닌 열정 덕에

10여 개의 물류센터가 탄생했습니다.

그러면서도 당신은 작은 벤츠를 타고 홀연히 맛집을 찾아다니며

새롭고 즐거운 일을 만들었습니다.

오늘도 당신이 일주일에 서너 번씩 들렀던 식품연구원에 칼가방을 들고

불쑥 나타날 것 같습니다.

"우리 아이디어 회의하자."


많은 자리에서 저는 이렇게 얘기를 시작합니다.

"오늘, 뭐 드셨어요?"

좋은 음식이 좋은 생각을 만든다고 생각합니다.

아버지 덕분에 아워홈은 좋은 음식과 좋은 생각을 만드는 기업이 되었습니다.

아버지는 아워홈을 창업하고 매해 6월 일본에서 열리는

'푸마FOOMA[Food Machinery Manufacturers' Association]' 식품공업박람회에 가셨습니다.

연세가 아흔이 다 되어갈 때까지 방문했으니

모두 스무 해를 간 겁니다.

저도 올해 6월 푸마에 갑니다. 아버지와 제가 따로 또 함께 가는

스물한 번째 박람회가 될 것입니다.

그곳에서 아버지와 함께 글로벌 아워홈으로 나아갈 것입니다.

아버지는 "내가 평소에 하는 말이 유언이다. 평소에 하는 말을 잘
새겨들어라"라고 하셨지요.
군더더기와 허식을 질색하셨으니, 당신의 성정대로라면
이 책도 "쓸데없다"고 하실지도 모르겠습니다.
사실 저는 그간 알지 못했던 많은 이야기를
당신을 보내는 상가喪家에서야 들을 수 있었습니다.
그 이야기들이 이 책을 내게 된 이유이기도 합니다.
책을 펴내면서, 생전 더 많은 이야기를 듣고 더 많은 기록을 챙겼더라면
의미있는 한국 경제사의 기록이 등장했을텐데 하는 아쉬움이 더욱
커지기도 했습니다.


더 좋은 기업 만들겠습니다.
아버지, 고맙습니다.


2023년 5월,
구지은 드림

# 차례

# 구자학 타임라인 in history

구자학 히스토리 ·······················································································

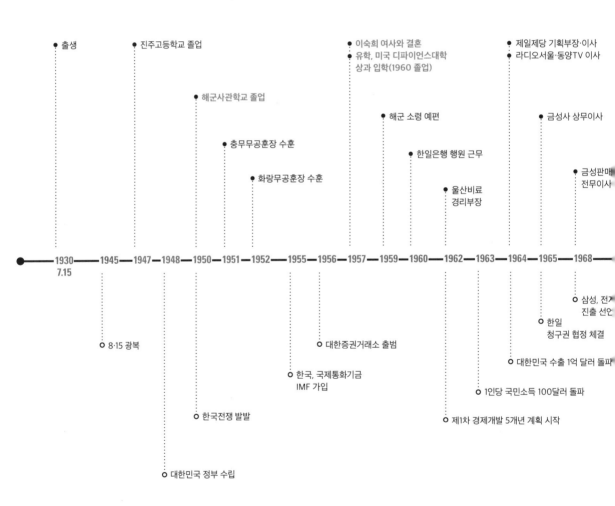

| | | |
|---|---|---|
| ● 출생 | ● 진주고등학교 졸업 | ● 이숙희 여사와 결혼 |
| | | 유학, 미국 디파이언스대학 |
| | | 상과 입학(1960 졸업) |

● 제일제당 기획부장·이사
● 라디오서울·동양TV 이사

● 해군사관학교 졸업

● 해군 소령 예편

● 금성사 상무이사

● 충무무공훈장 수훈

● 한일은행 행원 근무

● 화랑무공훈장 수훈

● 울산비료
경리부장

● 금성판매
전무이사

1930
7.15 —1945—1947—1948—1950—1951—1952—1955—1956—1957—1959—1960—1962—1963—1964—1965—1968

○ 삼성, 전자
진출 선언

○ 한일
청구권 협정 체결

○ 8·15 광복

○ 대한증권거래소 출범

○ 대한민국 수출 1억 달러 돌파

○ 한국, 국제통화기금
IMF 가입

○ 1인당 국민소득 100달러 돌파

○ 한국전쟁 발발

○ 제1차 경제개발 5개년 계획 시작

○ 대한민국 정부 수립

현대사 주요 장면 ·······················································································

● 조정협회 회장(~1986)

● 럭키, 국내 최초 엔지니어링
플라스틱 PBT 개발
● 철탑산업훈장·서독십자공로대훈장 수훈

● 호텔신라 사장
신라호텔 건설 작업

● 호텔신라 개관

● 럭키 대표이사 사장

● 금성통신 부사장

● 중앙개발 사장
용인자원농원 개관 작업

● 국민치약
'페리오' 출시
● 한독
상공회의소
이사장

● 기초화장품 '드봉' 출시
● 럭키, 사우디 최초 진출. 합작공장 설립
● 럭키 미 카이론사 합작, 유전공학연구소 설립
● 정밀화학공업진흥회 회장

● 한국광업제련
대표이사

● 국제신문
대표이사 사장
● 용인자연농원 개관

● 독일 합작
'니베아 크림'
생산

● '드봉' 수출

9—1970—1971—1972—1973—1974——1976—1977—1978—1979—1980—1981—1982—1983—1984—1985———

○ 제1차 석유파동
○ 포항제철소 1고로
첫 쇳물 배출
○ 중동 진출 붐

○ 제2차
석유파동

○ 부산 지하철 1호선 개통

○ 이병철 삼성 회장, 도쿄 선언

○ 심야 통행금지 해제
○ 한강개발사업 시작
○ 프로야구 개막

○ 경부고속도로 개통
△ 새마을운동 시작
○ 구자경 LG그룹 회장 취임

○ 수출 100억
달러 돌파

○ 수출 200억 달러 돌파

인회 LG 창업주 별세

○ 서울 지하철 1호선 개통

○ 언론통폐합

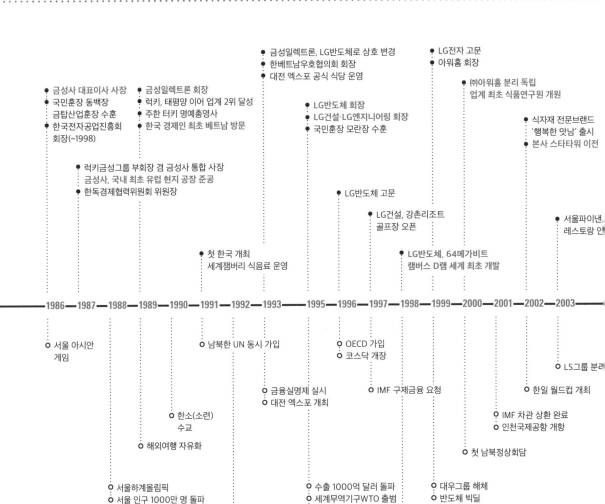

- 금성일렉트론, LG반도체로 상호 변경
- 한베트남우호협의회 회장
- 대전 엑스포 공식 식당 운영

- LG전자 고문
- 아워홈 회장

- ㈜아워홈 분리 독립
  업계 최초 식품연구원 개원

- 금성사 대표이사 사장
- 국민훈장 동백장
  금탑산업훈장 수훈
  한국전자공업진흥회
  회장(~1998)

- 금성일렉트론 회장
- 럭키, 태평양 이어 업계 2위 달성
- 주한 터키 명예총영사
- 한국 경제인 최초 베트남 방문

- LG반도체 회장
- LG건설·LG엔지니어링 회장
- 국민훈장 모란장 수훈

- 식자재 전문브랜드
  '행복한 맛남' 출시
- 본사 스타타워 이전

- 럭키금성그룹 부회장 겸 금성사 통합 사장
  금성사, 국내 최초 유럽 현지 공장 준공
- 한독경제협력위원회 위원장

- LG반도체 고문

- LG건설, 강촌리조트
  골프장 오픈

- 서울파이낸
  레스토랑 인

- 첫 한국 개최
  세계잼버리 식음료 운영

- LG반도체, 64메가비트
  램버스 D램 세계 최초 개발

1986 — 1987 — 1988 — 1989 — 1990 — 1991 — 1992 — 1993 — 1995 — 1996 — 1997 — 1998 — 1999 — 2000 — 2001 — 2002 — 2003

- 서울 아시안
  게임

- 남북한 UN 동시 가입

- OECD 가입
- 코스닥 개장

- LS그룹 분리

- 금융실명제 실시
- 대전 엑스포 개최

- IMF 구제금융 요청

- 한일 월드컵 개최

- 한소(소련)
  수교

- IMF 차관 상환 완료
- 인천국제공항 개항

- 해외여행 자유화

- 첫 남북정상회담

- 서울하계올림픽
- 서울 인구 1000만 명 돌파

- 수출 1000억 달러 돌파
- 세계무역기구WTO 출범

- 대우그룹 해체
- 반도체 빅딜

- 삼성전자,
  64메가비트 D램
  세계 최초 개발

- 구자경 회장 은퇴,
  구본무 회장 취임

- 정주영 회장 소떼 방북

- 한중 수교

- 1인당 국민소득 1만
  달러 돌파

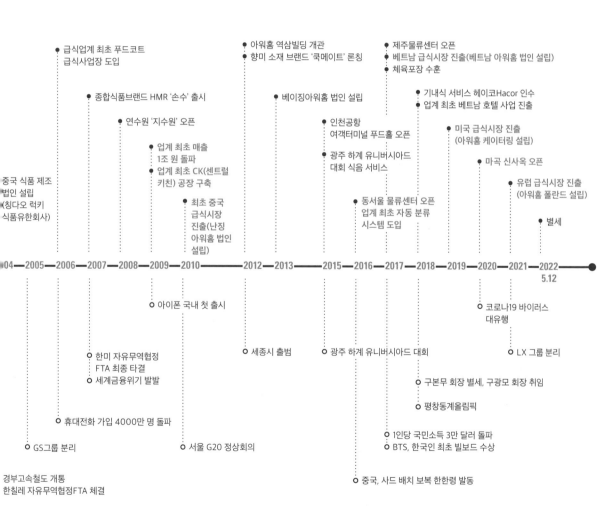

급식업계 최초 푸드코트
급식사업장 도입

종합식품브랜드 HMR '손수' 출시

연수원 '지수원' 오픈

업계 최초 매출
1조 원 돌파
업계 최초 CK(센트럴
키친) 공장 구축

최초 중국
급식시장
진출(난징
아워홈 법인
설립)

중국 식품 제조
법인 설립
(칭다오 럭키
식품유한회사)

아워홈 역삼빌딩 개관
향미 소재 브랜드 '쿡메이트' 론칭

베이징아워홈 법인 설립

인천공항
여객터미널 푸드홀 오픈

광주 하계 유니버시아드
대회 식음 서비스

동서울 물류센터 오픈
업계 최초 자동 분류
시스템 도입

제주물류센터 오픈
베트남 급식시장 진출(베트남 아워홈 법인 설립)
체육포장 수훈

기내식 서비스 헤이코Hacor 인수
업계 최초 베트남 호텔 사업 진출

미국 급식시장 진출
(아워홈 케이터링 설립)

마곡 신사옥 오픈

유럽 급식시장 진출
(아워홈 폴란드 설립)

별세

04—2005—2006—2007—2008—2009—2010——2012—2013———2015—2016—2017—2018—2019—2020—2021—2022—

5.12

아이폰 국내 첫 출시

코로나19 바이러스
대유행

한미 자유무역협정
FTA 최종 타결
세계금융위기 발발

세종시 출범

광주 하계 유니버시아드 대회

LX 그룹 분리

구본무 회장 별세, 구광모 회장 취임

평창동계올림픽

휴대전화 가입 4000만 명 돌파

1인당 국민소득 3만 달러 돌파
BTS, 한국인 최초 빌보드 수상

GS그룹 분리

서울 G20 정상회의

경부고속철도 개통
한칠레 자유무역협정FTA 체결

중국, 사드 배치 보복 한한령 발동

# 70까지 | 치열하게 일하다

## 삼성과 LG의 30년 사장으로 일하다

## 청년 구자학

청년 구자학은 마음먹은 일은 꼭 해내야만 했던,

열정이 넘치는 사람이었다.

멋있다, 나의 젊은 아버지.

# 사관생도 구자학

구자학 회장은 1947년 진주고등학교를 졸업한 뒤,

여느 대학에 가는 대신 해군사관학교 입교를 선택했다.

당신이 입교한 때는 해군사관학교가 막 문을 열었을 시기다.

해군사관학교는 8·15 광복을 맞은 이듬해인 1946년,

진주와 가까운 진해에 창설되어 첫 생도들을 받았다.

구 회장은 친하게 따르던 동네 선배가 사관생도가 되면서

해군사관학교를 알게 되었다고 한다.

훗날 말하길, 그 선배가 제복을 입은 모습이

당신 눈에 그렇게 멋져 보였다고 했다.

앨범에서 찾아낸 '사관생도 구자학'이 제복을 입은 모습도 근사하다.

구자학 회장의 해군사관학교 생도 시절

## 몸의 규율, 마음의 규율

해군사관학교와 해군에서 보낸 시간은

구자학 회장 평생의 일과 삶의 태도를 결정지었다.

1959년 소령으로 예편하기 전까지 해군에 몸담는 동안,

그의 몸에는 엄격한 규율과 자기 관리의 태도가 배었다.

몸가짐이 흐트러지거나 물건을 흘리는 일, 혹은 약속을 잊어버리는 일은

그에게서 상상하기 어려운 것이었다.

구 회장의 물건은 늘 제자리에 놓여 있었다.

수건 또한 늘 칼 같은 각도로 접혀 있었다.

미식가, 애주가였음에도 당신 사전에 과식과 과음이란 없었다.

모든 약속에서는 최소 15분에서 20분씩 일찍 나와 있었다.

가족은 물론 직원들도 구 회장이 약한 모습을 보이거나

힘든 내색을 하는 걸 별로 본 적이 없다.

마음이 참 단단한 사람이었다.

해군 복무 시절 구 회장의 모습

# 아버지의 훈장

LG그룹 일가의 군 복무 이력이 화제가 된 적이 있다.

대부분 병역을 회피하지 않고, 병사나 장교로서 군대를 다녀왔기 때문이다.

그중에서도 구자학 회장은 국가를 위해 가장 헌신한 사람으로 평가받고 있다.

구 회장은 해군사관학교를 졸업하던 1950년,

한국전쟁이 발발하자 그에 참전했다.

스무 살 청년이었음에도 장교로서 생사를 가르는

결정과 책임의 무게를 감당해야 했다.

구 회장은 전쟁 중 여러 중요한 임무를 수행한 공로로

충무무공훈장과 화랑무공훈장을 받았다.

2013년에는 정전 60주년을 맞아 제작된 호국영웅기장을 받았다.

전쟁을 겪고 폐허가 된 나라를 다시 일으켜 세운 주역들이

바로 구 회장을 비롯한 산업화 1세대다.

생존, 그리고 잘 먹고 잘 사는 것이 지상 최대의 과제인 때였다.

구 회장은 다른 산업화 1세대처럼 사업보국과 보국경영을

당신 평생의 신념으로 여겼다.

기업을 키우는 일은 곧 나라를 키우는 일, 국민이 잘사는 일이었다.

죽고 사는 문제여서 더 절박했고, 그만큼 더 열정적이었다.

구 회장은 나라 경제 발전에 기여한 공로 또한 인정받아 1983년에

철탑산업훈장을, 1986년에 국민훈장 동백장과 금탑산업훈장을,

1995년에는 국민훈장 모란장을 받았다.

1980년대부터 독일과의 '기업 외교'에 애쓴 공로로 받은

서독십자공로대훈장은 당신이 가장 자랑스러워하던 훈장이었다.

아버지의 훈장들은 지금 내 집무실에도 그대로 걸려 있다.

1

2

3

1   서독십자공로대훈장(1983) 수상
2   금탑산업훈장(1986) 수상
3   구자학 회장 영정 아래 놓아둔
      충무무공훈장(1951)과 화랑무공훈장(1952)

"세상이 나를 이렇게 단련시켰다."


-구자학

구자학 회장이 이면지를 직접 잘라 만든 메모지

# 아껴라

생전 구자학 회장에게서 가장 많이 듣던 말이다.

"불 꺼라."

"물 아껴 써라."

"온도는 24도에 딱 맞춰라."

기록이 오랜 습관이던 당신은

흔한 수첩이나 포스트잇 하나도 사서 쓰지 않았다.

옛날 달력을 손바닥 크기로 잘라 뒷면을 메모지로 쓰거나

보고서 이면지를 4분의 1 크기로 잘라 메모지로 쓰곤 했다.

타계 후, 당신의 집무실에서 이면지 메모지와 LG반도체 로고가 있는

메모지 묶음을 발견한 적이 있다.

1999년 '반도체 빅딜'로 사라진 회사의 메모지도

버리지 않고 차곡차곡 모아두신 모양이다.

어린 마음에는 "절약 또 절약"을 강조하는 말씀이 싫기도 했다.

그러나 어느덧 이면지를 즐겨 쓰는 내 모습을 발견하니 새삼 웃음이 난다.

돌이켜보면 30~40년 전 구 회장의 '아껴라' 정신은 바로

지금은 누구나 얘기하는 ESG의 본질과 맞닿아 있었다.

# 사자 아버지

구씨 가문은 유교적 전통이 견고하며 가풍이 엄격한 곳이다.

구자학 회장은 그 전통에 충실하면서도,

한편으로는 시류에 명료하게 깨어 있는 사람이었다.

당신은 어른을 모시고 형님을 깍듯하게 예우하는 데

한 치의 소홀함이 없었다. 그러면서도, 어린 딸에게는

"앞으로 부부가 함께 일하는 시대가 될 것"이라며

자신만의 일을 찾을 것을 권했다.

구 회장은 자식들을 직원들보다 더 엄격하게 대했다.

이는 군인의 규율까지 더해진 엄격함이었다.

당신이 입버릇처럼 하던 말이 있다.

"억울하면 출세하라. 그게 우리 집 가훈이다."

즉 남 탓하지 말고 책임 있게 감당하며 스스로 이겨내라는 의미다.

의무 교육까지는 시켜줄 테니 다음에는 너희가 알아서 살라는 얘기도

귀에 못이 박히도록 들었다.

사자는 새끼를 절벽에서 떨어뜨린다는 말이 있다.

생전 당신에게 농담 반 진담 반으로 이렇게 말하고는 했다.

"아버지는 새끼를 절벽에서 떨어뜨린 뒤, 그 앞에 함정도 파두고

이리로 와보라고 손짓하는 사자 같아요."

'사자 아버지'의 맹훈련은 지금의 나를 단단하게 해주었다.

그것이 당신 방식의 기대와 사랑이었음을 이제는 안다.

1  구자학 회장의 부친 구인회 LG창업주의 회갑연
2  맏형 구자경 명예회장(맨 왼쪽)과 함께
3  모친 허을수 여사와 함께

## 내가 다 준비해놨다

돌아가신 아버지, 구자학 회장을 모신 곳은 경기도 광주 공원묘지다.

이곳은 30여 년 전부터 구 회장 당신이 스스로 묫자리를 찾아서 봐두고,

마지막을 준비해둔 자리다.

구 회장은 생전에 묘를 어떻게 쓸지까지 세세히 정해두었다.

이후에 관리가 많이 필요한 봉분 대신 견고한 돌로 묘를 만들게 했다.

마지막 모습마저 정돈되어 보이고자 하던 엄격함,

먼 미래의 일도 완벽히 준비해야 하는 치밀함,

자식들에게 조금이라도 폐가 되고 싶지 않다는 깔끔함.

참 당신다운 마지막이다.

한식을 맞아 찾아간 구자학 회장의 묘역(2023)

## 삼성가의 사위가 된 LG가의 아들

아버지 구자학 회장과 어머니 이숙희 여사의 결혼은

LG가와 삼성가의 결합으로 세상의 큰 주목을 받았다.

이는 구 회장의 부친 LG 구인회 창업주와

이 여사의 부친 삼성 이병철 창업주의 각별한 인연으로 성사된 혼사였다.

이병철 회장은 "당신이 가장 좋아하는 아들과 내가

가장 좋아하는 똑똑한 딸을 맺어주자"라고 하셨다고 한다.

지수보통학교에서 만난 지기가 사돈까지 된 것이다.

외가에서는 고 이맹희 CJ 명예회장, 고 이건희 삼성 회장,

이명희 신세계 회장이 특히 구 회장과 가까웠다.

당신은 한 살 아래인 이맹희 회장과는 편안한 친구 사이였다.

이건희 회장에게는 믿음직한 매형이었으며,

이명희 회장에게는 멋있는 형부였다.

1

2

3

4

1    구자학·이숙희 부부의 결혼식(1957)
2    신혼 시절
3-4  자녀가 태어난 후의 구자학 가족

# 김치 담그는 유학생

구자학 회장이 미국 유학을 하던 중 아예 눌러앉을 뻔한 일화가 하나 있다.

그의 손맛이 좋은 덕택에 벌어진 일이다.

구 회장이 미국에서 김치를 손수 담갔는데

맛이 너무 좋아서 인기가 대단했더랬다.

김치를 담가주면 현지 값의 두 배를 쳐주겠다는 제안도 받았다고 한다.

이후 당신은 주변에 농담 반 진담 반으로

"사람이 인생에서 돈을 벌 기회가 세 번 있다고 하는데

나는 그중 하나가 그때였던 것 같다"라고 회상했다.

한국 유학생들끼리 모이는 자리가 있을 때는

종종 돼지갈비로 갈비찜을 만들어 갔는데,

냄새가 너무 좋아 지나가던 미국인들도 한 입 먹어보자고 할 정도였다.

구 회장은 오래전부터 이미 아워홈을 업으로 할 운명이 아니었나 싶다.

미국 유학 시절

이병철 회장과 나란히 걷는 구자학 회장

## 삼성의 최연소 사장

이병철 회장은 사위를 참 많이 아꼈다.

똑똑하고 반듯하다며 자주 곁에 두고 싶어 했더랬다.

삼성이 한창 사세를 키워가던 시기,

이병철 회장은 새로 시작하는 일이 있을 때면

구자학 회장에게 자주 그 일들을 맡기곤 했다.

구 회장은 1964년 삼성과 LG가 함께 시작한 언론 사업,

즉 라디오서울과 동양TV의 이사를 맡았다.

1973년에 삼성이 호텔 사업을 시작하자 그 일 역시 맡게 되었다.

구 회장은 1973년, 만 42세의 나이로 호텔신라 사장에 취임했다.

당시 삼성의 최연소 사장이었다.

이는 그 뒤로 죽 이어질 '30년 사장' 인생의 시작이기도 했다.

당시 한국에서는 호텔이 여관의 개념을 벗지 못하고 있었다.

그런 시절이었으니 호텔 운영의 노하우가 있을 리 만무했다.

구 회장은 호텔 부지 선정, 사업성 검토, 합작 및 차관 도입,

건축 설계까지 도맡았다.

이듬해에는 중앙개발 사장까지 함께 맡게 되었다.

1973년부터 시작된 기업형 양돈 일과

1976년 개장한 자연농원(지금의 에버랜드)을 만드는 일에도 참여했다.

신라호텔을 짓는 일도, 자연농원을 조성하고 양돈 사업을 성공시키는 일도

모두 전례가 없었으므로 맨땅에서 새로 만들어내야 했다.

당신은 항상 그랬듯 겁 없이, 묵묵히 모든 일을 해냈다.

"한 번도 두렵지 않았다면 거짓말이다.

반대에 부딪히거나 상황이 안 좋을 때면 누구나 불안하니까.

그래도 늘 내가 해보겠다는 믿음이 있었다.

그게 나를 움직였다."


-구자학

# 럭키의 전설이 된 파격의 승부사

'대표이사 구자학. 재임 1980. 2. 25. ~ 1986. 2. 26.'

구자학 회장이 미수米壽를 바라보던 2017년,

LG화학에서는 창립 70주년을 맞아

구자학 회장에게 명함 상패를 제작해 선물했다.

구 회장의 럭키 사장 취임은,

당시 안팎으로 '파격'이라는 말을 들었다고 한다.

젊은 시절 주로 삼성가에서 경영 수업을 받았던 구 회장은

LG그룹의 주력인 화학·전자에서 3년 정도 일한 경력을 가지고 있었다.

'럭키'는 럭키그룹의 모체이자 핵심인 회사였다.

LG는 가족일수록 더 능력을 혹독하게 검증하는 곳이다.

럭키 사장이라는 자리는 구 회장을 인정하는 표시이자,

더 큰 시험의 장이었다.

6년이 지났을 때, '구자학의 럭키'는 전혀 다른 차원의 기업이 되어 있었다.

구 회장은 LG화학의 전설이 되었다.

## 페리오와 드봉, 이름을 짓다

어느 날 집에 돌아온 구자학 회장이 식구들에게
지나가듯 한마디를 건넸다.
당신이 직접 치약 이름을 지었노라고.
집에서 일 얘기는 도통 하지 않는 분이
회사일 얘기에, 자랑까지. 웬일인가 싶었다.
1981년 나온 '국민 치약' 페리오 치약,
LG화장품의 1호가 된 드봉은 모두 구 회장의 작품이다.
이름도 직접 지었다.
잇몸질환 예방이라는 개념을 처음 제시한 페리오 치약의 이름은
'잇몸의periodontal'라는 영어 단어에서 온 것이다.
드봉de bon은 프랑스어로 '좋다'라는 뜻이다.

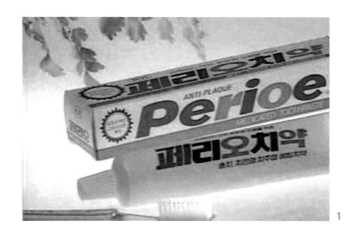

1    1981년 출시된 페리오 치약
2    럭키 드봉 화장품 신문 광고(1984)

# '17 대 1'

어느 날 럭키 이사회 자리에서, 당시 구자학 사장이 이런 얘기를 꺼냈습니다.

"화장품 사업은 우리 그룹을 번창하게 해준 기초였는데, 다시 한번 해보자."

그를 빼고 10여 명의 이사 전원이 반대했습니다.

럭키가 이제 중소기업도 아니고 화장품을 할 위상도 아니라는 주장이었죠.

2주 뒤 이사회에서 구 사장은 다시 화장품 얘기를 하면서

"잘 좀 생각해보라"고 권했습니다.

"일본의 시세이도 같은 큰 회사도 화장품 사업을 한다"

"동남아시아, 유럽 시장까지 바라보면 장래성도 있다"라고 설득했습니다.

그래도 결과는 또 전원 반대였습니다.

그렇게 서너 번의 토론이 끝나고,

어느 날 구 사장이 이사회에 오자마자 말했습니다.

"모두 나보고 화장품 사업을 하지 말라고 하니,

내가 화장품 사업은 안 하기로 했다. 그러나 피부보호제 사업은 하기로 했다."

사장의 집념과 추진력에 모두 웃으면서 고개를 끄덕일 수밖에 없었습니다.


구자학 회장과 럭키에서 함께 일했던 한 임원이 전해준 얘기다.

구 회장은 "치약 하나로는 기업도 클 수 없고, 나라도 클 수 없다"라며

화장품 사업을 시작했다.

'화장품은 피부보호제, 건강용품'이라는 당신의 논리로 반대를 돌파해냈다.

구 회장이 충북 청주에 설립한 화장품 공장은 당시 화장품 시장 규모의
60퍼센트에 해당하는 제품 생산이 가능한, 국내 최대 규모였다.
드봉은 출시된 이듬해인 1985년, 해외에 수출됐다.
지금 아모레퍼시픽과 투톱을 이루는 LG생활건강의 시작이었다.

럭키가 출시한 드봉 화장품 설명회를 연 구자학 회장(1984)

"LG화장품은 구자학 회장님이 아니었으면 꿈도 못 꿀 일이었다."

-권영수 LG에너지솔루션 부회장

## 구자학의 '럭키 스케일업'

구자학 회장은 럭키를 '생필품을 만드는 회사'에서 석유화학, 정밀화학,
유전공학까지 망라하는 '대형 종합화학기업'으로 키워냈다.
구 회장의 첫 번째 '스케일업'이었다.

1

2

1    럭키 시무식(1983)
2    충북 청주 생활용품 생산단지 준공식(1982)

# 유학생을 다 잡아라

석유화학이나 정밀화학이나, 그때 우리가 무슨 기술이 있었겠나.

플라스틱 원료도 미국 것, 일본 것을 수입해서 썼다.

그래서 우리가 개발하자고 했다. 그러려면 사람이 있어야 했다.

그때는 대학에서도 (그런 기술을) 가르치지 못했다.

미국에서 공부한 사람들은 한국에 오려고들 하지 않았다.

그래서 "미국에 유학 간 학생을 다 잡아라" 해서 겨우 다섯 사람을 데려왔다.

여종기 박사가 석유화학 분야, 플라스틱 원료 개발에 기여를 참 많이 했다.

- **구자학 회장** 2017년 LG화학 '창립 70주년' 기념 인터뷰


구자학 회장은 럭키가 미국이나 일본에서 플라스틱 원료를 들여와

비눗갑, 칫솔을 찍어내는 수준에 만족할 수 없었다.

그는 럭키가 직접 원료를 만들 수 있기를 바랐다.

곧 구 회장은 석유화학 기업에 걸맞은 기술 개발과 인재 유치에 몰두했다.

그때 영입에 성공한 인물이 바로 여종기 전 LG화학 사장이다.

1981년 럭키중앙연구소로 영입된 여 전 사장은

기업 연구소의 개척자이자 국내 화학산업을 이끈 대표 주자다.

구 회장의 대표 업적 중 하나로 꼽히는 국내 최초

엔지니어링 플라스틱 PBT 소재 개발(1983)도 여 박사와의 합작품이다.

엔지니어링 플라스틱 PBT는 미국의 듀퐁 같은 세계 최대 화학회사가

처음 개발해 1960년대부터 시판한 '꿈의 소재'인데,

한국의 작은 화학회사 럭키가 그 개발을 해낸 것이다.

1    한국종합화학 나주 옥탄올 공장 인수인계식(1984)
2    럭키 연말 연회에서의 건배 제안(1983)

# 사표 쓰고 투자

구자학 회장님이 사장으로 초도순시를 하면서

제가 있던 구미1공장인 TV 공장에 오신 적이 있어요.

투자에 워낙 욕심이 많으신 분이라

여기 공장에는 투자할 것이 없는지 물으셨지요.

당시에는 컬러TV가 많이 팔릴 때인데,

TV 부품 두 가지를 국산화하면 좋겠다고 판단하고 있었습니다.

하지만 재정이 어려워서 걱정이 많았습니다.

이런 이야기를 보고드렸더니 회장님이 하신 말씀이 기억이 납니다.

"투자할 때 돈 걱정은 하지 마라.

돈은 은행에 있고, 나중에 벌어서 갚으면 된다.

각 공장에서 앞으로의 개발을 위해 반드시 투자할 게 있다면 주저 없이 하라."

- **구승평** 전 LG전자 부회장


구자학 회장의 '스케일'은 그야말로 정평이 나 있었다.

새로운 사업을 하거나 사업을 확장할 때마다

주변에서 "미쳤다" "그러다 회사가 망하는 거 아니냐"라는 말이 나왔다.

당신 자신도 늘 사표를 써놓고 투자 제안을 했다고 할 정도였다.

주변에서는 잘못되면 책임을 묻겠다는 압박도 있었다고 한다.

구 회장이 1986년 금성사 사장으로 취임한 뒤, 백색가전을 만드는

창원공장의 규모를 두 배로 키웠을 때도 똑같은 반응이 나왔다.

그러나 창원공장은 오늘날 LG가전이 세계 1위를 하는 교두보가 되었다.

한국을 방문한 독일의 AEG사社 회장 일행과 현장을 찾은 구자학 회장(1987)

"자꾸 투자한다고 하면

'어디 팔 데가 있느냐'라면서 겁부터 먼저 내는 사람들이 많아요.

쓸 데가 있으면 팔 데가 있는 게 아니겠어요?

목표를 두고 하는 것이지, 무조건 하는 건 아닙니다.

다 모험이죠. 모험."


- 구자학

# 니가 해라, 해외투자실장

구자학 회장은 현장에서 일하는 실무자들에게 답이 있다고 여겼다.

실무자의 보고는 도중에 끊지 않고 끝까지 경청했으며,

궁금증이 풀릴 때까지 묻고 또 물었다.

임원이 답을 못하면 팀장이나 과장에게 바로 질문이 넘어갔다.

그 과정에서 눈에 들어온 실무자는 파격적인 기회를 주면서 발탁했다.

그중 대표적인 인물이 권영수 LG에너지솔루션 대표다.

구 회장은 1988년 당시 2년 차 과장이던 권 대표가

금성사의 터키 합작 법인 설립 업무를 처리하는 능력과 태도를 보고

해외투자실장 후보로 점찍었다.

인사 부서에서 해외투자실장은 최소 부장급 이상이어야 한다며 반대하자,

당신은 권 대표를 아예 부장 승진시켜 해외투자실장으로 발탁했다.

권영수 과장은 금성사에서 32세에 최연소 부장이 되었다.

전혀 예상을 못 했습니다. 홍콩 출장 중에 부장 승진 이야기를 들었습니다.
저에게는 정말 엄청나게 즐거운 충격이었습니다.
구자학 회장님이 그런 결정을 하셨다는 걸 듣고
더 열심히 해야겠다고 생각했지요.
- **권영수** LG에너지솔루션 부회장

터키 베스텔 사와의 합작 공장 설립 조인식(1987)

## 한해의 3분의 1은 비행기에서

구자학 회장은 소비자보다 시장을 먼저 찾는 사람이자,
시장이 보이지 않으면 스스로 만들어내는 사람이었다.
해외 진출도 겁내지 않았다. 럭키와 금성사 사장을 맡아
한창 바빴던 1980년대에는 한해의 3분의 1을
비행기에서 보낼 정도로 자주 해외 출장을 다녔다.

1   미국 앨라배마 헌츠빌 전자레인지 공장 준공식(1986)
2   전자사절단으로 당시 소련을 방문한 구자학 회장(1990)
3   독일 방문(1991)
4   해외 출장길 한 리셉션에서의 모습

"사업에 대한 감각이 남보다 앞섰고, 투자에 관한 안목이 대단했다.

세계 시장이 '다 내거다'라고 생각하는 분이었다.

우리가 따라가기가 힘들었다."


**-구승평 전 LG전자 부회장**

## 구자학의 '최초'들

구자학 회장은 럭키 사장이던 1984년, 사우디아라비아 사빅SABIC사와의
합작을 성사시켜 PVC·VCM 공장을 설립했다.
한국 기업 중 최초로 사우디아라비아에 진출한 것이다.

방한한 사우디 사빅 사와의 만남(1985)

유전공학이란 단어 자체가 생소하던 시절,

구자학 회장은 세계적으로 유명한 유전공학 회사 카이론 사와 합작해

샌프란시스코에 럭키바이오텍연구소를 만들었다.

이는 40년 전통을 자랑하는 LG바이오 사업의 시작이었다.

미국 카이론 사 합작 유전공학연구소 설립 조인식(1984)

1987년, 구자학 회장은 국내 기업으로는 최초로

당시 서독에 컬러TV·VTR공장을 지었다.

1981년부터 한독상공회의소 이사장을 맡아

꾸준히 쌓아온 독일 네트워크가 이때 큰 자산이 되었다.

독일 GSE 사 합작 공장 기공식(1986)

1989년 2월 구자학 회장은 럭키금성그룹 경제사절단을 이끌고
베트남을 방문했다. 베트남 공산화로 공식 교류가 단절된 뒤
최초로 이뤄진 '한국 경제인 방문'이었다.
그해 한국 기업은 처음으로 베트남에 진출했다.

베트남을 방문한 구자학 회장. 영접을 나온 이들과의 기념 촬영(1990)

구자학 회장이 입었던 LG반도체 사원복

## 우리도 반도체 합시다

LG그룹의 전략적 의사 결정 협의체인 그룹정책위원회에서

"반도체 사업을 하자"고 앞장을 선 사람이 있었다. 구자학 회장이었다.

당시에는 반도체 개발에 뛰어든 삼성도 '무모하다'라는 얘기를 듣고 있었다.

역시 대다수가 반대했다.

구 회장이 초지일관 반도체 개발을 주장하면서

그룹의 반도체 사업은 당신에게 맡겨졌다.

1989년 구 회장은 그룹 내 흩어진 반도체 사업을 통합해 설립된

금성일렉트론 회장을 맡았다.

구 회장은 하나부터 열까지 발로 뛰어 LG의 반도체 사업을 새로 일궈냈다.

그러나 LG반도체는 외환위기 극복 과정에서

1999년 정부가 추진한 '반도체 빅딜'로 역사 속으로 사라졌다.

LG반도체는 현대를 거쳐 지금의 SK하이닉스가 되었다.

그토록 당신이 심혈을 쏟아부은 회사의 마지막을 바라보는 마음은

얼마나 안타까웠을까.

LG반도체 구미1공장 준공식, 구미2공장 기공식(1995)

# 히타치를 설득하라

구자학 회장님은 금성사 사장으로 있을 때부터 삼성의 반도체 사업을 거론하며
"우리도 반도체를 해야 한다"라면서 준비하게 했습니다.
어느 날은 도쿄 지사장인 제게 전화를 거셨어요.
"일본 기업 중 기술 제휴를 할 곳이 있는지 알아보라."
여러 군데를 다녀봤지만 잘 되질 않았어요.
그러다 우리와 오래전부터 기술 제휴를 해온 히타치제작소를 찾아갔습니다.
그런데 반도체 부문이 통 대화 창구가 열리지 않았지요.
상황 보고를 드리니 어느 날 다시 전화가 왔습니다.
"도쿄 나리타 공항에서 물건 하나 찾아가라."
히타치제작소 미타 가쓰시게 사장이
한국의 자개와 청자를 좋아한다는 얘기를 듣고, 자개로 유명한 통영의
고급 자개 상을 공수해 미타 사장의 댁으로 선물을 보내신 겁니다.
다음날 미타 사장이 "갑자기 좋은 선물을 받았는데 무슨 일인가"라며
영문을 묻는 연락을 해오면서 기술 제휴의 물꼬가 트였습니다.
기술 제휴 협상을 할 때도 회장님이 아이디어를 내 성사가 됐습니다.
당시는 256킬로비트 D램 수요가 많은 시기였는데
히타치가 새로 공장을 지으려면 돈이 들 테니
우리가 100퍼센트 투자해 생산하고 생산 물량의 절반을 주겠다고 한 거죠.
사업도 사업이지만 회장님과 미타 사장은 개인적으로도 그 사이가 각별했습니다.
회장님은 1988년 서울올림픽 개막식에 미타 사장의 가족을 초대하기도 했고
출장길에 김치를 손수 담가 미타 사장에게 가져다주시기도 했습니다.
미타 사장의 부인이 돌아가셨을 때 직접 도쿄에 조문을 하러 가시기도 했고요.
 - **구승평** 전 LG전자 부회장

구 회장이 쌓은 LG와 히타치제작소 간의 신뢰는 견고했다.

LG반도체가 현대전자에 합병될 무렵

히타치제작소 측에서 '현대와도 반도체 협업을 계속해도 되느냐'라며

먼저 구 회장의 의사를 타진했다는 후문도 들었다.

금성일렉트론(LG반도체) 청주 공장을 찾은
히타치제작소의 미타 가쓰시게 사장 일행과 함께(1993)

"1962년부터 시작된 가전제품의 협력관계가 기초가 된 것은 틀림없지만

회사 간 신뢰감, 그리고 구자학 회장님과의 신뢰감이 없었다면

모든 것이 잘 이뤄지지 않았을 겁니다.

이를 바탕으로 반도체 협력까지 이어졌다고 생각합니다."


**- 가나이 쓰토무 전 히타치제작소 회장**

## 산과 암벽을 살려서 짓다

LG그룹에서 구자학 회장의 마지막 임무는 바로 'LG건설'이었다.

1995년, 구 회장은 LG건설 회장이 되어

골프장과 스키장을 함께 갖춘 강촌리조트를 손수 짓다시피 했다.

1997년에 문을 연 강촌리조트는

골프를 즐기는 사람들 사이에서 자연을 살린 코스로 유명하다.

산과 암벽을 최대한 살려서 지은 방식은

건축과 과학에 밝았던 구 회장의 제안에서 비롯된 것이다.

강촌 리조트 건물 곳곳에는 구 회장만의 '현장주의'와 '디테일'이 담겨 있다.

구 회장은 리조트 객실에서 직접 방 안을 걸어보며

문턱의 높이를 가늠하고,

욕실 샤워기를 써보면서 샤워기 각도 또한 점검하고,

침실에 누워 TV 각도를 확인하고,

방안에 비치된 용품도 하나하나 다 써보았다.

당신이 직접 체험한 후에야 개선할 점을 내놓았다고 한다.

인도네시아 자카르타의
건설 현장을 찾은 구자학 회장(1996)

"항상 '현장주의'셨어요.

'써봤냐' '해봤냐' '가봤냐' '먹어봤냐'.

현장에서 체험하지 않은 얘기는 받아들이지 않으셨어요."


-권영수 LG 에너지솔루션 부회장

# '학회장님'의 경영 플레이북 10

1. 남이 하지 않는 것, 못 하는 것을 한다

2. 최초가 되는 것을 두려워하지 않는다

3. 필요하면 주저 없이 크게 투자한다

4. 기업은 상품보다 산업을 만들어야 한다

5. 반대는 이기는 것이 아니다. 더하는 것이다

6. 가봤냐, 써봤냐, 해봤냐, 먹어봤냐

7. 현장에서 일하는 사람들이 최고 전문가다

8. 연구소부터 크게 만든다

9. 사람 먹고사는 일이 중하다

10. 윗사람이 더 알아야 한다. 맡기면 믿고 기다린다

구자학 회장이 쓰던 망원경

# 1 남이 하지 않는 것, 못 하는 것을 한다

**"남이 하지 않는 것, 못 하는 것에 집중하는 일이 남을 앞서는 지름길이다."**

구자학 회장은 일평생 이 '만트라'(주문)를 자신에게, 조직에게 되뇌고 실천으로 옮겼다.
말은 당연하고 쉽지만 늘 남이 하지 않는 것, 못 하는 것을 해내는 것은 어려운 일이다.
구 회장은 심지어 그 과정을 즐겼던 것 같다.
그런 그가 자주 쓰던 단어들이 바로 '창의'와 '모험'이었다.
남이 하지 않는 일, 못 하는 일을 하려면 창의적이어야 하며 모험할 줄 알아야 한다.
그는 창의와 모험으로 시장을 개척했고 없던 시장은 만들어냈다.
회의 석상에서 새로운 아이디어를 가장 많이 내는 사람이었고,
매번 '무모하다' '아직 이르다'라는 소리를 들으면서도 밀어붙였다.
"우리 기업에 아무것도 없었다. 돈도 없고 기술도 없고 자기 몸 하나 있었다.
그러면 생각, 아이디어라도 있어야 했다."
모든 것을 맨땅에서 일궈야 했던 산업화 1세대로서, 구 회장의 '창의'에 대한 집념은
곧 생존을 위한 길이었다.

**"착안도 못 하는 사람이 다른 사람이 아이디어를 내면 불평만 한다.**
**남을 욕하고 비판하는 사람은 꿈 잡는 소리, 구름 같은 소리 하지 말라고 말한다.**
**그런데 꿈이 아니란 말이다. 개발되면 현실이다. 현실이 되면 무서운 것이다."**

당신이 회장 집무실에 두고 아끼던 병풍이 있다. 언젠가 손님들에게도 그 병풍을
가리키며 "저것도 내 창의입니다"라고 자랑한 적이 있다.
본인이 직접 구상한 뒤 작가에게 아이디어를 주고 하나하나 주문해 제작한
세상에 하나뿐인 열 폭 병풍이다.

# 2

## 최초가 되는 것을
## 두려워하지 않는다

남이 하지 않는 일, 남이 못 하는 일을 한다는 것은 결국 '최초'가 되는 일이다.

누구도 가보지 않은 길을 새로 낸다는 것은 누구나 어렵고 그래서 두렵다.

앞은 잘 보이지 않고, 기존의 것을 유지하려는 반대의 목소리는 언제나 거센 법이니까.

구자학 회장은 최초가 되는 두려움을 기꺼이 감당했다.

그를 보아온 주변에서는 하나같이

그가 화를 내거나 누군가를 혹독히 나무라는 모습을 본 적이 없다고들 말한다.

그런 당신이 선명하게 싫어하는 내색을 할 때가

"원래 그렇다"란 말을 들을 때였다고 한다.

현상을 유지하려는 직원에게는 엄한 질책이 떨어졌다.

새로운 아이디어가 없는 임원은 임원 자격이 없다며 일갈하기도 했다.

구 회장의 경영인생은 크고 작은 '최초'를 쌓아온 시간이다.

페리오 치약은 국내 최초의 잇몸질환 예방 치약이었다.

구 회장이 만든 화장품 드봉을 출발점으로, 지금의 LG생활건강이 우뚝 설 수 있었다.

그가 이끈 럭키는 국내 최초로 엔지니어링 플라스틱 PBT 개발에 성공했다.

럭키는 사우디아라비아에 처음 진출한 한국 기업이기도 하다.

또한 그는 금성사 사장을 맡아 독일과 유럽에 처음으로 대규모 투자를 추진했다.

LG그룹에서는 반도체 사업과 바이오 사업을 개척했다.

아워홈을 분리 독립한 후에도 업계 최초로 연구소부터 만들고

'센트럴키친'(중앙 공급형 주방)을 도입해 한식 양념 산업을 개척했다.

한식 고유의 불맛을 내는 식품향료와 간편식 제품을 개발한 일 또한 선구적이었다.

중국 급식시장에 진출한 것도 처음이었다.

경방타임스퀘어 아모리스 오픈 행사에 참석한 구자학 회장(2009)

# 3

## 필요하면 주저 없이 크게 투자한다

구자학 회장은 큰 '스케일'의 경영자로 유명했다.

뭐든 시작하면 주변에서 무서워할 정도로 과감하게, 또 크게 일을 벌였다.

그는 럭키에서 화장품 사업을 시작한 뒤,

충북 청주에 국내 최대 규모로 화장품 공장을 지었다.

금성사 사장에 취임하자마자

백색가전을 만드는 창원공장의 규모를 두 배로 키웠다.

새로 맡은 기업이 있을 때면 항상 중요한 현장을 먼저 찾아가서

투자해야 할 것이 없는지 조사했다.

직원들이 재정 걱정을 하면 "돈 걱정은 하지 마라. 회사에 이익이 되고

새로운 것을 개발하기 위해서 투자가 필요한 곳이라면 주저 없이 투자하라.

이익을 내서 갚으면 된다"라며 힘을 실어주었다.

여기에는 그의 근거 있는 자신감도 깔려 있다.

'자꾸 무모하게 투자하는데 대체 어떻게 팔 것이냐'라고 겁부터 내는 사람들에게

당신은 "그 기술이나 물건이 쓸데가 있으면 반드시 팔 데가 있다"라고 말하곤 했다.

방한한 베트남 호텔기업 HTM 사 일행과 대화하는 모습(2019)

# 4  기업은 상품보다
산업을 만들어야 한다

구자학 회장은 기업이라면 무릇 새로운 상품을 만들어야 하지만,

무엇보다 특히 '산업'을 창출할 줄 알아야 한다고 생각했다.

그는 미래 산업과 세계의 흐름을 살피면서,

언제나 시선을 최소 10년에서 20년 후에 두고 움직였다.

그래서 투자의 규모가 그렇게 컸다.

어느 기업에 가더라도 그랬다.

구 회장의 이 태도는 럭키를 생필품 회사에서

석유화학, 정밀화학, 유전공학까지 망라하는

종합화학기업으로 성장시켰고,

LG그룹 안에서 반도체라는 새로운 업을 창출했다.

구 회장은 아워홈을 설립한 후,

한식 소스 개발을 통한 '맛의 표준화'와

조리 시간을 단축하면서 대량 생산까지 해낼 수 있는

'조리 공정의 무인화·자동화'로 급식을 산업화했다.

아울러 급식만 하던 아워홈을

식품 제조·외식·식자재 공급까지 아우르는 종합식품기업으로 키워냈다.

# 5 반대는 이기는 것이 아니다. 더하는 것이다

구자학 회장이 새로운 것에 도전해온 과정은
결국 숱한 반대를 극복해온 과정이기도 했다.
럭키가 화장품을 만들 때도,
금성사 공장의 규모를 확 늘릴 때도,
LG그룹 안에서 반도체를 시작할 때도,
아워홈에 연구소를 만들 때도,
항상 처음에는 반대에 부딪혔다.
많은 리더는 누군가 자신의 결정을 반대하면 화를 내곤 한다.
좀 더 권위적인 사람은 "시키면 시키는 대로 하라"며 찍어 누르기도 한다.
구 회장의 접근은 조금 달랐다. 그는 절대로 화내지 않았다.
도리어 반대 의견을 낸 사람이 있으면 따로 불러 얘기를 듣고
자신의 결정에서 보완할 점을 찾아냈다.
옳다고 생각하는 결정을 막무가내로 밀어붙이는 것이 아니라,
반대 의견을 반영하여 더 완벽한 그림을 만든 뒤 제시했다.
반대한 이들은 설득될 수밖에 없었으며,
반대의 힘이 더해진 결정은 더욱 강력해져서 결국 성공할 수밖에 없었다.
구 회장은 더 좋은 결정을 내리게 해주는 '반대의 힘'을 잘 이해하고 있던 리더였다.

구자학 회장이 생전에 즐겨 쓰던 만년필들

럭키 사무실을 봉래빌딩으로 옮긴 뒤 회사 곳곳을 둘러보는 구 회장의 모습(1984)

# 6 가봤냐, 써봤냐, 해봤냐, 먹어봤냐

구자학 회장을 아는 사람 중 그의 지독한 '현장주의'를 모르는 이는 없다.
아마 그를 겪은 직원들에게 가장 많이 들은 말이 무엇이냐고 묻는다면
이 말들이 먼저 꼽힐 것이다.
"가봤냐, 써봤냐, 해봤냐, 먹어봤냐."
구 회장은 실제로 모든 현장은 다 가본다는 주의를 지니고 있었다.
그는 시도 때도 없이 현장을 찾아가서 살폈다.
수행이나 의전 같은 건 따지지 않았다.
당신 자신이 직접 현장을 보고 듣는 것처럼,
직원들에게도 현장에 직접 가본 다음 의견을 말하라고 했다.
현장을 모르고 하는 얘기는 잘 받아들이지 않았다.
현장을 가장 신뢰했으니, 결재를 할 때도 사무실과 현장의 구분이 무의미했다.
구 회장은 현장에서 직접 보고 파악한 뒤 바로 결정을 내리곤 했다.
현장에서 내리는 결정이니 빠르고 정확할 수밖에 없었다.
출장은 구자학표 '현장 경영'의 백미였다.
당신은 아워홈을 설립하고 중국에 식품 공장을 짓기 위해,
3년 동안 중국에 있는 다른 회사의 공장 20여 곳을 모두 찾아다녔다.
당시 출장을 함께 간 사람들의 얘기를 들어보면, 공장 투어를 마치고
매일 저녁 여섯 시부터 열 시까지 저녁을 먹으면서 바로 현장 회의를 이어갔다고 한다.
그날 본 것, 들은 것들은 그 자리에서 토론하고 아이디어를 보태 바로 결정까지 내렸다.
구 회장은 2003년부터 2010년 중반까지 한해도 빠짐없이
일본에서 열리는 식품공업박람회를 찾았다.
그때도 매일 저녁 어김없이 여섯 시부터 열 시까지 현장 회의가 열렸다고 한다.

# 7 현장에서 일하는 사람들이
최고 전문가다

"실무자가 얘기하고 있지 않으냐. 좀 들어봐라."

"쓸데없는 질문하지 말고 모르면 들어라."

회의 중 구자학 회장은 이런 말을 자주 꺼냈다.

임원들이 실무자들의 보고를 끊지 말고 자세히 경청하라는 뜻에서였다.

구 회장은 현장에서 일하는 사람들이야말로

가장 깊은 지식을 지닌 전문가라고 생각했다.

사무실에서 실무를 가장 왕성하게 맡아 일하는 이들은 과장, 팀장, 대리들일 것이다.

공장에서는 생산 라인을 맡은 사원들이 실무자이고,

조리 주방에서는 영양사와 조리 보조원들이 실무자다.

구 회장은 이들에게 답이 있다고 생각해서 직접 소통하는 것을 선호했다.

임원들로부터 여과되고 정제된 보고만 받는 것은 당신의 성에 차지 않았다.

당신이 던지는 질문 자체도 실무를 모르면 답할 수 없을 정도로 날카롭고 세세했다.

임원의 답이 충분치 않을 때면 임원을 건너뛰고 바로 실무자와 대화하거나

다음 회의에는 실무자도 참석시키라고 당부하곤 했다.

중앙일보와의 인터뷰(1984)

# 8 연구소부터 크게 만든다

구자학 회장은 어느 곳에서든 연구개발R&D을 하는 조직부터 만들고 키웠다.

당신은 한 기업이 꾸준히 성장하려면

'연구원 없이는 불가능하다'라는 생각을 확고하게 지니고 있었다.

더 나아가, 연구개발이야말로 산업을 만들기 위한 기초라고 생각했다.

아워홈을 시작한 뒤에도 자신이 절반쯤은 연구원이라고 말하곤 했다.

럭키 사장 시절에는 대덕에 문을 연 중앙연구소를 크게 확장했다.

국내 기업 최초로 유전공학 연구조직과 시설을 만들기도 했다.

이것이 바로 LG바이오 사업의 시작이었다.

구 회장은 전자공업진흥회장을 12년간 맡으면서,

1991년에는 민관이 공동 출연하는 전자부품연구소를 설립했다.

전자 산업이 외형적으로는 크게 성장했지만

원천기술 부족으로 경쟁력이 떨어지는 모습을 보고 연구소 설립을 주도했다.

2000년 아워홈을 창업했을 때는 식품연구원부터 설립했다.

돌이켜보니 당신은 이미 그때부터 큰 그림을 그리고 있었다.

식품 제조나 식자재 공급 같은 신사업을 하려면

연구소부터 필요했음을 알았기 때문일 테다.

전자부품 국산화를 위한 전자부품 개발사업단 현판식(1992)

# 9 사람 먹고사는 일이 중하다

우주선을 제조한 기술을 지닌 소련이 생필품 공급능력은 없는 경우를 봅시다.

그들은 모스크바 올림픽 때 서독 헨켈로부터 2억 달러의 샴푸류를 수입했습니다.

그나마도 단숨에 동이 났습니다.

-『매일경제』 인터뷰 중, 1981년 7월 13일

구자학 회장은 일제강점기에 태어나 전쟁을 겪고,

경제 일선에서 나라를 재건하는 일을 맡았던 기업인 중 한 사람이다.

그의 경영철학 기저에는 '우리나라 사람들이 정말 잘살았으면 좋겠다'

그리고 '건강하게 잘 먹었으면 좋겠다'라는 생각이 짙게 깔려 있었다.

당신이 손을 댔던 사업들은 우리의 삶을 조금 더 낫게,

조금 더 풍요롭게 만드는 일과 연결되어 있었다.

구 회장은 그중에서도 먹거리를 만드는 아워홈의 일은

사람의 삶과 가장 가까이 있는 것이니 더욱 큰 책임감을 느껴야 한다고 강조했다.

대한조정협회 이사회에 참석한 모습(1983)

구자학 회장이 읽던 일본 식품 서적

# 10 윗사람이 더 알아야 한다.
맡기면 믿고 기다린다

일본어와 영어에 능통했던 구자학 회장은 매일 아침 일본의 신문들을 정독했다.

윗사람이 아랫사람보다 많이 알아야 한다면서, 매일 공부를 게을리하지 않았다.

일본 신문을 보다가 새로운 기술·상품·트렌드가 눈에 들어오면

가위로 오려 내어 담당 직원에게 건넸다.

메모는 당신 평생의 습관이었다.

두부 공장을 하나 지을 때도 두부에 관한 일본 원서를 몇 권씩 독파했다.

기계, 건축에 대해서는 "거의 전문가 같다"라는 이야기를 들었다.

구 회장은 "대개" "대략"이라고 대충 보고하거나 거짓말을 하는 일은 용납하지 않았다.

그러나 모른다고 답하면 "그런 것도 모르냐"고 질책하거나 채근하지 않았다.

일단 믿고 맡기면 언젠가는 성과를 가져올 것이라고 여기고 기다려주었다.

화를 내거나 급하게 압박하는 일도 드물었다. 늘 차분하게, 또 경어로 직원들과 대화했다.

# 70부터 | 행복하게 일하다

## 70세 '학회장님', 맨손으로 다시 시작하다

고희를 맞은 구자학 회장

# 처음으로 오너가 된 회장님

호모 헌드레드homo hundred.

100세 인간이라는 뜻이다.

요즘은 말 그대로 100세까지 사는 삶이 드물지 않다.

"인생은 60부터"라는 말도 벌써 옛말이고

이제는 "인생은 70부터"라고도 한다.

2000년 고희를 맞은 구자학 회장은

일을 내려놓고 여유롭게 여생을 보내는 대신,

당신이 정말 하고 싶었던 새로운 일을 시작했다.

LG유통의 식품사업부를 분리 독립해 아워홈을 설립한 것이다.

구 회장은 처가인 삼성은 물론,

장자 승계 전통이 견고한 친가인 LG에서도 어떤 조력도 받지 않았다.

오로지 당신의 힘만으로 시작한 사업이었다.

화학·전자·반도체 등 LG그룹 주력 사업의 기초를 일군 주역이었음에도

구 회장은 당신의 몫 하나 요구하지 않고 LG그룹을 떠났다.

당신은 LG에서 줄곧 '학회장님'으로 불렸지만,

70세가 되어서야 비로소 처음 오너가 되었다.

고희연에서 미소 짓는 구자학 회장(2000)

## 전자, 화학 하던 '학회장님'이 왜 밥을?

LG그룹에서 전자·화학·반도체·건설 등 내로라하는 계열사를 경영하던

구자학 회장이 LG유통의 작은 사업부를 들고나온 행보에

많은 사람이 "왜?"라는 반응을 보였다.

당신의 평소 경영 스케일을 생각하면

아워홈의 규모는 너무 소박하다고 표현할 수밖에 없었다.

가족들도 놀라긴 마찬가지였다.

구 회장이 음식을 좋아하고 그에 일가견이 있는 정도야 알았지만

사업으로 삼을 줄은 몰랐다.

하지만 정작 구 회장은 이 결정에 매우 만족해했다.

분사를 결정하고 집에 와서

혼자 싱글벙글 좋아하던 모습이 지금도 눈에 선하다.

아워홈이라는 이름도 참 맘에 들어 했다.

**"아워홈, 얼마나 친근감이 있느냐. 너무 좋아."**

요즘 말로, 좋아하는 일과 직업이 일치하는 것을 '덕업일치'라고 부른다.

아워홈은 구 회장에게 당신이 사랑하는 음식으로

일종의 '덕업일치' 창업을 한 스타트업이었다.

그간 체면 때문에 하지 못하던 요리를 사업이라는 명분으로 실컷 할 수

있었으니, 분명 신나는 도전이었을 것이다.

## '학회장님'의 작은 묘목, 아워홈

구자학 회장은 나무를 가꾸고 키우는 일을 참 좋아했다.

자택 정원의 나무 한 그루, 풀 한 포기 중 그의 손이 가지 않은 것이 없다.

연로해진 구 회장이 정원을 일일이 돌볼 수 없을 때도,

손수 가지치기를 할 수 있도록

정원 일을 도와주던 분이 나무 한 그루만은 꼭 남겨둘 정도였다.

아마 구 회장은 정성을 다해

작은 묘목을 큰 나무로 키워내는 일에 크나큰 보람을 느낀 듯하다.

구 회장에게 아워홈은 그런 묘목이었다.

LG그룹에서 크고 굵직한 사업을 도맡았지만

아워홈은 당신이 생애 처음 시작한 나만의 사업이었다.

30년 공력의 경영 노하우를 쏟아부어

아워홈이 무럭무럭 자라날 때마다

얼마나 재미있고 뿌듯했을까.

구자학 회장이 생전 가꾸던 자택의 소나무

# 그게 이렇게 크게 키울 수 있는 사업이었어?

분사 당시 2000억 원 규모였던 아워홈은

9년 만인 2009년에 매출 1조 원을 돌파했다.

2000억 원이 1조 원이 되었을 때

집안 어르신들도 다들 놀랐던 기억이 난다.

"그게 그렇게 크게 키울 수 있는 사업이었어?"

아워홈이 7000억 원 매출을 넘어 1조 원으로 달릴 즈음엔,

"구자학 회장이 이 사업을 5년만 더 일찍 시작하셨다면 어땠을까?"라고

말하는 이들도 생겨났다.

구 회장과 오래 가까이 일한 장성호 아워홈 당시 식품연구원장으로부터

재밌는 이야기를 들은 적이 있다.

세 사람이 길을 가다가 돌을 하나 발견합니다.

한 사람은 "길에 웬 돌이 있냐"며 돌을 발로 뻥 찼다가 발에 상처를 입습니다.

다른 한 사람은 "돌이 꽤 괜찮은데" 하며 집에 가져가

벽을 세우거나 담을 쌓는 데 쓰겠다고 합니다.

나머지 한 사람은 그 돌을 가져가 이리저리 살피고 깨봅니다.

그러다 금이나 광석을 발견하기도 하고

그마저도 없으면 수석처럼 잘 다듬어서 팝니다.

회장님은 그중 세 번째 사람입니다.

구 회장은 남들이 잘 눈여겨보지 않는 것, 하찮다고 여기는 것을

크고 대단하게 만드는 능력이 탁월했다.

아워홈은 당신의 나이 일흔에 발견한 훌륭한 원석이었다.

비전 선포식에서 아워홈 첫 매출 1조 원 달성에 크게 기뻐하는 구회장의 모습(2009)

"은퇴하면

양평에 작은 식당 하나 차리는 게 꿈이었는데

이렇게 커져버렸다."


-구자학

# 오늘 돼지고기는 어떻게 삶았소?

구자학 회장은 소문난 미식가였다.

그는 이 세상 모든 맛의 상하좌우를 안다고

자타가 공인하는 '맛의 달인'이었다.

음식에 관해서라면, 집에서도 어머니보다

40년간 집안일을 도와준 전주 아주머니와

더 자주 대화를 나눈다고 느껴질 정도였다.

"오늘 돼지고기는 어떻게 삶았소?"

"오늘 이 고기는 숙성을 몇 시간 했소?"

전주 아주머니는 손맛이 아주 좋은 분이었다.

두 분의 대화를 듣고 있노라면,

흡사 장인 대 장인의 대화를 듣는 것 같았다.

서울 역삼동 아워홈 빌딩의 직원식당을 자주 찾았던 구자학 회장

## 이 생선은 왜 이렇게 말랐나

아워홈 초창기, 구자학 회장은 매일 직원식당에서 급식으로 점심을 먹었다.

직원들 사이에서는 이미 유명한 일화다.

아워홈이 서울 영등포 LG홈쇼핑 건물에 있던 시절,

구 회장은 점심시간 때면 늘 비서와 함께 직원식당으로 향했다.

"이 생선은 왜 이렇게 말랐나?"

"이 반찬은 조금 짠 것 같은데."

한 끼를 먹을 때마다 세세한 품평과 주문이 따랐다.

당신은 4~5년 내내 특별한 일이 없는 한 늘 직원식당에서 밥을 먹었다.

이후 아워홈이 어디로 이사를 해도,

구 회장은 틈만 나면 직원식당을 찾았다.

내 입에 맛이 없다면 다른 사람도 마찬가지라고 여겼기 때문이다.

2023년 서울 역삼동 아워홈 빌딩을 새로 단장하는 작업을 하면서

지하 직원식당 한편에 당신이 항상 식사하던 공간만은 그대로 남겨두었다.

아워홈의 구성원들과 다 같이 구 회장의 변치 않는 초심과 열정을

기억하자는 의미에서다.

직원식당 한편 구자학 회장이 식사하던 자리

## 주말 점심은 항상 밖에서 먹는다

구자학 회장은 토요일 점심이면 홀로 운전해서 맛집 탐방을 다녔다.

연세 지긋한 80대 어른이 작은 벤츠를 몰고서

어느 날은 마장동 뼈해장국집을 찾았다가,

어느 날은 3900원짜리 백반집을 찾아가곤 했다.

맛집 탐방은 당신만의 공부와 연구였다.

맘에 드는 음식을 발견하면 아워홈의 메뉴로 개발하자고 제안하기도 했다.

구 회장은 "호텔은 비싸기만 하고 맛이 없다"라면서,

싸고도 맛있게 한 끼를 먹을 수 있는 곳들을 좋아했다.

당신이 병원에 계실 때 좋아하는 음식을 가져다드릴까 해서

평소 즐겨 찾던 식당들을 찾아본 적이 있다.

목록은 해장국, 설렁탕, 순댓국집 일색이었다.

구 회장은 비싼 음식은 좋은 재료를 쓰니 맛있는 게 당연하지만

저렴하고 맛있고 건강한 음식을 만드는 일이야말로 '진짜'라고 여겼다.

싸고 맛있는 음식을 만들어 더 많은 사람이 먹을 수 있게 하는 것,

이는 아워홈이 존재하는 이유이자, 철학이기도 하다.

구자학 회장은 설렁탕이나 육개장 등
값싸고 소박한 음식을 즐겨 먹었다.

# 연구소 대 연구원

"단체급식을 하는 회사에 연구소가 꼭 필요합니까?"

구자학 회장이 2000년 아워홈을 설립하자마자

식품연구원을 만들겠다고 이야기하자,

임원들은 고개를 갸우뚱했다고 한다.

단체급식 회사에서 메뉴 개발 정도만 하면 된다는 생각에,

굳이 거창하게 연구원을 만들어야 한다는 당신의 주장을

다들 이해하지 못했다.

그러나 그때 당신은 이미 아워홈을 단체급식뿐 아니라,

식자재 유통, 식품 제조, 외식까지 망라하는

종합식품기업으로 만들 생각을 품고 있었다.

기업이 꾸준히 성장하려면 연구개발 조직이 탄탄해야 한다는 주의는

구 회장의 경영 인생을 관통하는 확고한 철학이었다.

단체급식 기업이 연구소를 만든 사례는 아워홈이 처음이었다.

구 회장은 회사를 크게 키울 테니

이름도 연구소가 아닌 연구원으로 크게 지어야 한다고 못을 박았다.

20년 새 당신의 공언은 그대로 이루어졌다.

아워홈의 규모는 2000억 원에서 1조8000억 원으로 열 배 가까이 커졌다.

열 평 남짓한 사무실에서 네댓 명으로 출발한 식품연구원의 식구도

100명으로 늘어났다.

구자학 회장의 꿈과 열정이 집약된 아워홈 마곡식품연구원

# 우리 아이디어 회의하자

식품연구원에 대한 구자학 회장의 열정은 대단했다.

그는 매일 연구원 사람들과 머리를 맞대고

새로운 메뉴를 만들고 신기술을 연구하는 일에 몰두했다.

아마 아워홈에서 구 회장을 가장 자주 만나고 대화한 이들이

바로 연구원 사람들일 것이다.

때로는 그들 또한 구 회장의 속도와 열정을 따라가기 벅찼을 테다.

당신도 종종 연구원들에게

"나는 절반은 연구원이다. 그러니 당신들 월급의 반은 내게 줘야 한다"라고

농담을 던질 정도였다.

연구원들은 맛있는 김치를 만들기 위해 토굴을 지었고,

전국 맛집을 수십 번씩 찾아가 먹어보고 비법을 배워오기도 했다.

된장을 개발할 때는 가장 맛있는 발효균을 찾기 위해

전국 각지의 볏짚을 공수하러 다녔다.

구 회장은 많을 때는 일주일에 서너 번씩 식품연구원에 들러

"아이디어 회의하자"라며 직원들을 불러 모았다.

매해 11월에 한 해의 기술 및 상품 개발 결과를 발표하는

연구원의 기술혁신평가 회의는

2019년까지 한 해도 빠짐없이 주관했다.

구 회장은 매년 열리는 전체혁신경진대회도 항상 참석해

직원들의 아이디어를 경청했다.

다른 경영 회의에는 일일이 들어가지 않아도

두 달에 한 번 있는 신사업 회의는 꼭 참석했다.

당신의 생각과 마음이 향하는 곳은 늘 아워홈의 미래였다.

1 혁신경진대회에 참석해 발표를 경청하는 구자학 회장(2004)
2 혁신경진대회 후 직원들의 감사 꽃다발을 받은 뒤 환하게 미소 짓는 모습(2019)

"연구원이 연구소보다 조직이 훨씬 크다.

연구소보다는 연구원이라고 이름을 붙여놓아야

회사도 그 규모에 맞게 성장하고

연구원도 크게 성장할 것이 아닌가.

그러니 시작부터 '연구원'으로 하자."


-구자학

# 물류센터, 해야 하지 않나?

2000년 분사 전까지 아워홈은

이렇다 할 자산 하나 없이 '밥만 하던' 급식 회사였다.

지금 아워홈은 14개 물류센터, 9개 제조공장,

4개 식재가공센터를 갖춘 명실상부한 종합식품기업이 되었다.

구자학 회장은 아워홈을 설립한 뒤로 부지런히 땅을 보러 다녔다.

부동산 개발팀 같은 조직도 대동하지 않고, 당신 홀로 발품을 팔아서 땅을 샀다.

아워홈이 한 단계 도약하려면 먼저 사람 손으로 모든 걸 해결하는

수준을 벗어나야 했다. 그러려면 결국 시스템과 인프라가 필요하다는 것이

구 회장의 생각이었다. 구 회장은 사들인 부지에 식자재가공센터,

중앙조리주방(센트럴키친)과 식품제조공장을 착착 지어 올렸다.

"센터, 해야 하지 않나?"

물류센터도 구 회장의 이 한마디로 시작되었다.

물류 혁신이 본격적으로 일어나기 전인 2000년대 초반, 당신은 일찌감치

물류의 중요성을 내다보고 거점에 물류센터를 만든 것이다.

짓는 방식도 남달랐는데, 물류센터 위에 식품 공장을 올리는 방식이었다.

당시에는 엘리베이터가 필요한 다층으로 건물을 지으면 돈이 더 든다며

걱정하는 사람이 많았다. 땅값이 크게 오른 지금은 물류센터를 지을 때도,

식품 공장을 지을 때도 대부분 다층으로 짓는다.

식자재 유통은 지금 아워홈에서 단체급식과 맞먹는 양대 주축 사업이 됐다.

물류가 탄탄한 아워홈은 업계에서도 '물류사관학교'로 통한다.

당신이 20년 전 미래를 준비한 덕을 이제 톡톡히 보고 있는 셈이다.

지금 당신이라면 또 무엇을 내다보고 계실까.

이제는 나의 머릿속에 늘 자리 잡은 화두이기도 하다.

1    양산식재가공센터 기공식(2001)
2    업계 최초로 자동 분류 시스템을 도입한 동서울물류센터
3    물류센터의 배송처 모니터링 시스템

# 반도체 공장을 닮은 순대 공장

대량의 음식을 맛있게 조리하는 일은 생각처럼 쉽지 않다.

특히 한식은 참 손이 많이 간다.

구자학 회장은 화학·전자·반도체·건설 기업에서

수없이 공장을 지었던 노하우를 음식제조 공장에도 접목했다.

아워홈에서 한때 순대 공장을 만든 적이 있다.

공장을 만든 이유였던 '위생'에 가장 많은 신경을 써서 지었는데

이때 구 회장은 사람 손이 거의 필요 없는 구조로 공장을 설계했다.

사람이 잘 보이지 않고, 하도 깨끗해서

"반도체 공장 같다"라는 반응이 나올 정도였다.

김치를 공장에서 만들 때도 마찬가지였다.

이제는 김치를 만드는 공정 대부분을 기계로 해결하지만

김치의 속을 넣는 일만은 여전히 사람 손으로 하는 곳이 많다.

구 회장은 배추를 끼우는 방향을 바꿔서

기계로 속을 넣는 공정을 고안했다.

거의 모든 급식 메뉴의 기본이 되는 야채 육수를 농축해 가져와

비용을 줄인 것도 그의 아이디어였다.

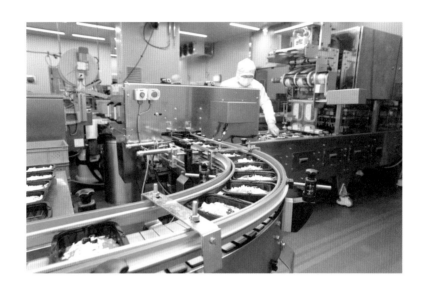

아워홈의 식품 공장

## 앞으로는 소스의 시대다

한식 메뉴는 아무리 정해진 레시피가 있어도

만드는 사람에 따라 맛이 둘쭉날쭉할 때가 많다.

게다가 그때그때 주방에서 만들어야 하니

사람 손도 많이 필요하고, 시간도 오래 걸렸다.

구자학 회장은 "앞으로는 소스의 시대가 올 것이다"라며

한식 소스를 공장에서 만들어내는 시스템을 선구적으로 도입했다.

집밥의 맛, 맛집의 맛을 그대로 구현하면서 균일한 맛을 내도록

대량 생산을 해내는 일이었다.

이러한 '맛의 표준화', '조리 공정의 무인화·자동화'는

급식을 산업으로 만든 획기적 혁신이었다.

짜장면은 급식에서 늘 맛없다는 얘기를 듣던 대표적인 음식이었다.

구 회장과 연구원들은 소문난 중식당을 수차례 탐방한 끝에

춘장을 고온에 튀기는 것이 맛의 비결이라는 것을 알아냈다.

100도가 최고치인 급식 주방 스팀 솥 대신,

춘장을 250도에서 볶는 공정을 설계한 끝에 지금의 짜장 소스가 개발됐다.

구 회장은 짜장, 카레, 우동, 소바, 불고기, 제육볶음 같은 메뉴의

소스 개발에 이어 한국인의 식탁에 빼놓을 수 없는 국과 탕 만들기에 도전했다.

설렁탕은 국물이 고온에서 푹 우러나도록 공정을 설계했고,

육개장은 국물 맛을 좌우하는 다진 양념을 제대로 볶도록 만들었다.

지금은 마트 매대에 늘어선 온갖 소스가 자연스럽게 느껴진다.

가정간편식과 밀키트가 보기 흔해진 것도 소스 덕이 크다.

당신의 말씀처럼, 정말로 소스의 시대가 왔다.

업계 사람들도 놀라는, 20년을 앞선 혜안이다.

## 한식 불맛을 만들어보자

"숯불에 고기를 구울 때 풍기는 향을 개발하면 맛도 좋아지겠다."
어느 날 고깃집에서 직원들과 회식하던 구자학 회장이 '한식 불맛을
만들어보자'는 과제를 던졌다. 음식에 바비큐 향, 스테이크 향을 내야 할 때
여전히 외국 회사의 식품향료cooking flavor를 수입해 썼는데,
이제는 우리만의 한식 불맛을 만들어보자는 제안이었다.
2010년 식품연구원 안에 플레이버 솔루션flavor solution 팀이 구성되어
연구를 시작했다. 연구팀은 화학 성분으로 만드는 가공된 불맛이 아니라,
요리 양념과 고온이 만날 때 순간적으로 휘발되는 향을 직접 포집해서
진짜 불맛을 내는 천연 식품향료natural cooking flavor를 만들었다.
개발에만 꼬박 3~4년이 걸린 고된 여정이었지만,
이 불맛 향료는 곧 아워홈의 고부가가치 상품이 되었다.
아워홈이 특허를 가진 이 불맛 향료는 여러 식품 대기업에서 사서 쓴다.
지금 흔히 먹는 짬뽕 불맛, 불고기 불맛, 불닭볶음의 불맛을 내주는 게
바로 이 향료다.

시판되고 있는 아워홈의 불맛 소스 제품

# 일류 호텔 셰프가 만든 밀키트

코로나19 바이러스로 전 세계적인 팬데믹을 겪으면서,

가정간편식과 밀키트가 갑자기 우리 일상에 깊숙이 들어왔다.

아워홈은 2007년에 HMR 브랜드 '손수'를 출시했다.

구자학 회장의 구상에 따라서 소스와 국, 탕을 개발하고

공장에서 대량 제조하는 시스템을 만들었으니

이를 제품으로 만들어내는 일은 당연한 수순이었다.

하지만 당시 업계에서는 'HMR이 지금 될까' 반신반의하는 시선이 많았다.

'손수'라는 이름은 엄마가 손수 만들어준

정성 가득하고 맛있는 집밥 같은 음식이라는 의미를 담고 있다.

맛은 타협할 수 없다는 구 회장의 뜻이 담긴 이름이기도 하다.

구 회장은 '손수'를 만들기 위해 당시 호텔 특급요리사였던

고재길 수석조리장을 직접 영입했다.

'손수'가 출시된 후 다른 경쟁업체에 비상이 걸렸다는 후문을 들었다.

대량 생산을 하면서도 어떻게 이런 맛을 내는지가 연구 대상이 됐다고 한다.

아워홈 식구들은 '손수'가 HMR 제품의 수준을 높이는 데 한몫을 했다고 자부한다.

구자학 회장이 영입했던 고 고재길 셰프

## 간편식을 파는 편의점을 만들자

"앞으로는 사람들이 편의점에서 간편식을 사 먹을 것이다."

구자학 회장은 HMR 브랜드 '손수'를 출시한 이듬해,

'맘초이'라는 아워홈만의 팝업스토어를 만들었다.

아워홈은 당시 맘초이를 레스토랑과 편의점이 합쳐진

'편의레스토랑'으로 소개했다.

맘초이에서는 '손수' 제품을 매장에 비치해두고,

손님이 주문하면 간단히 조리해서 먹을 수 있도록 했다.

주방이 있다는 점만 빼면

오늘날 편의점에서 도시락과 삼각김밥을 사서 먹는 것과 똑같은 방식이다.

구 회장의 생각을 되짚어가다보면 깜짝 놀랄 때가 많다.

당신은 늘 10~20년씩 앞서 있었다.

그런 혜안은 어디서 어떻게 얻어진 것인지, 신기할 따름이다.

서울 압구정동에 오픈한 편의레스토랑 맘초이(2008)

"요새 길에서 사람들을 보면 정말 체격이 크다.

좋은 음식을 잘 먹고 건강해서 그렇다.

불과 30년 사이에 많이 변했다.

아워홈이 나름 공헌했다는 생각이 들어 뿌듯하다."


-구자학

# 구자학표 창작 된장찌개

구자학 회장은 고기를 참 좋아했다.

직원들과 회식을 할 때도 고깃집을 즐겨 찾았다.

그런데 고기를 먹고 된장찌개가 올라올 즈음이 되면

비장의 도구들이 상에 등장했다고 한다.

바로 뚝배기다. 뚜껑, 집게, 칼, 가위, 깔개까지 모두 한 세트였다.

구 회장은 이 뚝배기에 든 된장찌개를 다시 새롭게 창작했다.

이때 상에 있던 마늘, 청양고추, 깻잎 등이 재료가 되었다.

가위는 쓰지 않았다. 손으로 직접 찢어 넣었다.

잘라 넣느냐, 찢어 넣느냐에 따라 완전히 맛이 달라진단다.

두부는 잘 넣지 않았다. 두부의 간수가 된장의 고유한 맛을

바꿔놓기 때문이라고 한다.

이 된장찌개의 가장 큰 반전은 상추다.

언뜻 된장찌개와 상추의 조합이 영 생소할지도 모르겠다.

그런데 상추를 두 장 찢어 넣으면 된장찌개의 맛이 180도 달라진다고 한다.

칼칼하고 텁텁하던 맛이 부드럽고 깊어진다고.

직원들은 "회장님이 끓여주는 된장찌개가

세상에서 제일 맛있다"라고 입을 모았다.

고기를 배불리 먹었어도 된장찌개 때문에 밥을 더 먹게 되는 맛이라는데,

무척 아쉽게도 나는 한 번도 먹어보지 못했다.

생전 구자학 회장이 끓여주던 방식으로 재연한 된장찌개

# 회식 밥상은 실험실

'회장님'이 직접 끓여주는 된장찌개란 어떤 의미였을까.

구자학 회장의 회식 밥상은

새로운 맛, 새로운 메뉴를 토론하고 실험하는 자리였다.

청국장과 된장을 개발할 때는

다양한 조합으로 된장찌개를 끓여 다 같이 맛을 봤다.

"신맛이 강하다" "구수한 맛이 떨어진다"

"콩을 너무 곱지 않게 갈면 어떨까" 같은 세세한 의견들이 오갔다.

팝업 스토어로 만들었던 편의레스토랑의 이름을 따

역삼동 아워홈 빌딩에 열었던 식당인 '맘초이'도 회식 실험실이었다.

점심에는 급식 메뉴를 제공하고 저녁이면 호프집이 되는 이곳에서

구 회장은 여러 안주 메뉴를 개발해냈다.

구 회장은 저녁 무렵 맘초이에 가면 바로 생맥주 한 잔과 노가리를 곁들이는

것으로 회식을 시작했다. 당신만의 노가리 레시피도 따로 있었다.

된장찌개 '실험'을 위해 사용된 여러 종류의 된장

바로 물과 우유를 뿌려 전자레인지에 데우는 것이었다.

이 과정을 거친 노가리는 먹기에 딱 좋을 정도로 말랑해졌다.

안초비 피자에는 이탈리아 안초비 식감이 살아 있는 멸치젓갈을 썼다.

이 멸치젓갈은 경남 양산 근처 식당에서 찾아내 만든 것이었다.

구 회장은 회식을 하고 나면 직원들에게 치킨을 싸서 보내곤 했는데,

그날 바로 먹지 못하면 치킨이 눅눅해지는 게 마음에 들지 않았던지

"24시간 바삭할 수 있는 치킨을 만들어보라"는 지시를 내렸다.

연구원들이 달라붙어서 마침내 시간이 지나도 바삭함이 유지되는

튀김옷을 만들어냈다. 이 튀김옷으로 갓 튀긴 치킨은 다른 치킨보다

훨씬 바삭해 곧 아워홈의 인기 메뉴가 됐다.

특제 튀김옷은 급식 고객에게도 판매되는 상품이다.

구 회장은 회식 밥상 하나에도

당신이 일평생 고수한 도전과 창의, 혁신을 담았다.

구자학 회장과 직원들이 회식을 즐기는 모습

# 아버지의 칼가방

구자학 회장에게는 오랜 '반려 도구'가 있었다. 바로 '칼가방'이다.

당신에 관한 다른 많은 것처럼 이 칼가방의 존재도 뒤늦게 알게 되었다.

이 가방은 은색 알루미늄 케이스로, 작은 007가방처럼 생겼다.

안에 든 것은 다양한 용도의 식칼들인데 모두 맞춤 제작을 했다고 한다.

당신의 '디테일 중시 정신'은 칼에도 적용됐다.

생선은 살을 흐트러뜨리지 않으려면 단번에 잘라야 하니

날이 예리한 칼을 이용하고,

스테이크는 육즙이 흐르지 않도록

우둘투둘한 톱니가 있는 칼을 쓴다는 식이었다.

구 회장은 칼 세트 가방과 앞치마를 차에 상비하고 다녔다.

칼가방과 앞치마는 용인 지수원, 맘초이, 회식 밥집 등

직원들과 함께하는 자리에 자주 등장했다.

한때 아워홈이 운영하던 한식 다이닝 레스토랑인 손수헌에 가면

당신만의 전용 가위가 있었다.

쓰기 좋고 편한 가위라며 그곳을 찾을 때마다 따로 찾아서 쓰곤 했다.

# 바다 염도는 몇인가?

어느 날 경영 회의에서 과학 상식 하나가 등장했다.

"바다 염도는 몇인가?"

구자학 회장의 이 질문에 아무도 답하지 못했다고 한다.

대체 바다 염도가 급식과 무슨 상관이 있는 걸까.

냉동 생선을 맹물이 아니라 바닷물과 같은 농도의 염수에 해동하면

생선 살이 탄력을 잃지 않는다.

생선이 녹을 때 빠져나오는 수분이 줄어들기 때문이다.

당신의 질문은 이런 원리를 이해하고 있느냐는 물음이었다.

구 회장은 늘 음식에 대한 과학적 접근을 강조했다.

이전까지 아워홈에서 급식이란

밥을 제때 잘 만들어 제공하면 되는 서비스업이라는 인식이 강했다.

그러나 구 회장은 음식을 만드는 일도

과학에 기반한 제조업이어야 한다고 생각했다.

연구원들이 점성과 탄성이 없는 글루텐프리면을 완성하지 못해 고전할 때,

당신은 면이 끊기지 않는 제면기를 고안해 직접 도면을 그려왔다.

급식 메뉴의 고사리 반찬을 만들 때는

고사리를 가장 알맞게 불리는 시간까지 따져보았다.

구 회장은 집에서 된장국을 하나 끓여도

무는 몇 센티미터로 썰어야 하는지까지 이야기했다.

그 길이로 썰어야 무에 간이 가장 잘 밴다는 이유에서였다.

'과학자 구자학'이 있었기에,

아워홈은 한 끼를 넘어서는 거대한 규모의 음식 산업을 일굴 수 있었다.

김치와 생햄 등의 숙성을 위해 만든 지수토굴

# '학회장님'의 혀끝에서 탄생한 메뉴 5

---

1. 샤퀴테리

2. 묵은지, 갈치김치, 청잎김치

3. 아삭섞박지

4. 동치미물냉면

5. 진주식 속풀이국

---

구자학 회장과 함께하는 신제품 시식회는 늘 긴장감으로 넘쳤다.
당신은 시식을 할 때면 식감, 색깔, 향, 목 넘김부터
맛의 균형까지 세세하게 짚어서 이야기했다.
"맛있다"나 "맛이 없다" 정도의 반응을 보인 임원은
"맛이 있다, 없다가 무슨 맛 품평이냐"라며 한 소리를 들어야 했다.
아워홈에서 구 회장보다 맛을 잘 아는 사람이 없었다.
그는 예민한 미각으로 재료나 조리법 개발에 대한 아이디어를 제시하고
개발 과정을 세세하게 살폈다.
그의 예민한 혀끝에서 탄생한 아워홈의 대표 메뉴를 소개한다.

# 1 샤퀴테리

샤퀴테리Charcuterie는 프랑스어로 고기를 가공해 만드는 제품을 뜻한다.

햄이나 살라미, 소시지, 베이컨 등이 여기 해당하는데,

보통 샤퀴테리라고 하면 이중에서도 과거의 방식을 통해서 수제로 만든 생햄을 말한다.

생햄을 향한 관심이 늘어나면서 아워홈도 이에 관한 연구를 시작했다.

생햄을 만드는 돼지 뒷다리살은 삼겹살보다 3분의 1 정도로 저렴하지만,

생햄이 되면 그 가치가 스무 배 가까이 올라간다.

농촌진흥청에서도 생햄의 가치를 알고 제조를 시도했지만

이렇다 할 성과를 내지 못하던 차였다.

생햄을 연구하는 과정에서 독일식, 이탈리아식, 스페인식 등

생햄을 즐기는 여러 나라의 유형이 아워홈에서 지향할 모델의 후보로 올랐다.

구자학 회장은 이탈리아의 햄인 프로슈토로 방향을 잡자고 제안했다.

프로슈토가 발효 과정에서 생성되는 독특한 냄새가 덜하고 부드러우니

다른 국가에서 만든 햄보다는 한국 입맛에 더 맞을 것 같다는 판단에서였다.

뒤이어 그는 한국 사람들의 입맛을 고려해

신맛과 짠맛을 어느 정도로 맞춰야 하는지까지 연구팀에 세세하게 알려주었다.

연구팀이 고생 끝에 원하던 맛의 95퍼센트까지 만들어냈지만, 마지막 5퍼센트가 부족했다.

고민하던 연구원들에게 구 회장은 '토굴에서 발효해보자'라는 제안을 내놓았다.

토굴 덕택에 아워홈은 한국인의 입맛에 맞으면서도 유럽 수준의 풍미를 내는

생햄을 만들어낼 수 있었다. 토굴에서 숙성 건조한 햄은 본격적으로 상품화됐다.

당신은 연수원에서 임원들에게 직접 생햄을 썰어주면서 맛보라고 하기도 했다.

샤퀴테리는 그 정도로 구 회장의 시간과 애정이 듬뿍 담긴 제품이다.

# 2 묵은지, 갈치김치, 청잎김치

샤퀴테리를 만들던 토굴은 사실 김장을 위해 만든 장소였다.
김장 뒤에 김치를 넣은 항아리를 땅에 묻어 저장하고
겨우내 꺼내 먹는 게 우리의 전통 방식이다.
구자학 회장은 그 김치 맛을 우리가 한번 재현해보자,
제대로 된 김치 맛을 만들어보자며 토굴을 만들었다.
그것이 바로 당신의 호를 딴 '지수 토굴'이다.
식품연구원이 경기도 성남에 있던 시절에 구 회장은 직접 연구원 뒤꼍 땅을 파서
항아리를 묻고 항아리의 재질 등을 달리해가며 실험을 진행하게 했다.
이후 항아리에 담아 묻은 효과가 나도록 충북 음성의 한 산비탈 안쪽에
실제 토굴을 만들어 그 안에 묵은지를 저장하기 시작했다.
토굴 안에서는 온도가 일정하게 유지되고 발효가 서서히 진행되어
묵은지 고유의 깊은 맛이 그대로 살아난다.
갈치김치도 구 회장의 제안으로 개발된 음식이다.
우리나라 남쪽 지역에서는 김치에 생선을 넣는 경우가 많다.
갈치김치 역시 구 회장 당신이 어릴 적부터 자주 먹던 음식으로,
갈치를 갈아 넣지 않고 뼈째 썰어 넣어서 숙성을 시키는 것이 특징이다.
김치를 담글 때 보통 배추 가장 바깥쪽에 붙은 잎사귀는 떼어내버리고는 한다.
실은 이 가장자리에 붙은 청잎을 김치로 담그면 맛이 참 좋다.
이를 아는 당신이 이 잎사귀를 왜 버리느냐, 김치로 만들자고 제안해
만들어진 제품이 바로 '청잎김치'였다.

# 3 아삭섞박지

김치의 한 종류인 섞박지는 배추, 무, 오이 등을 큼지막하게 썰어 양념으로 버무린 뒤
이를 눌러 담아서 만드는 음식이다.

크기가 작은 깍두기와는 차별화되는 섞박지의 핵심은 바로 아삭한 식감에 있다.

구자학 회장은 한 설렁탕집에서 섞박지를 먹어본 뒤
'아삭섞박지'라는 메뉴를 개발하기 시작했다.

이 설렁탕집의 섞박지는 아삭하면서도 부드럽고 고급스러운 맛이 났다.

당신은 이 맛을 아워홈에서 만들어 우리가 만든 탕과 함께 내보자고 했다.

연구원들을 포함해 담당 부서 수장, 구 회장 당신까지
여러 차례, 또 여러 차례 맛 탐방을 다녔다.

설렁탕보다 섞박지를 더 많이 먹은 끝에 만들어낸 메뉴가 바로 아삭섞박지다.

# 4  동치미물냉면

취향을 타는 음식 중에 냉면만 한 것이 없다.

면의 굵기나 쫄깃함과 끊어짐의 정도, 육수의 농도 등에 따라

맛이 모두 다른 것이 바로 냉면이다.

보통 고급 냉면집의 면은 가느다란 반면

급식 메뉴의 면은 그보다 더 굵고 거칠 때가 많다.

구자학 회장은 아워홈에서도 고급 냉면집에서 내놓는 냉면처럼

가느다란 면을 만들어보자고 이야기했다.

개발 과정에서 연구원 세 명이 바뀔 정도로 힘든 작업이었지만, 결국 성공했다.

구 회장은 육수로 쓰이는 동치미 국물의 맛을 내기 위해

직접 동치미를 담가 발효시켜서 육수를 내도록 했다.

쉽고 편하게 동치미 맛을 내는 분말을 쓸 수도 있지만,

이런 방법을 쓸 경우, 맛은 실제 동치미에 비할 수 없다.

과일과 채소로 직접 담가 발효시킨 동치미에

부드럽고 쫄깃한 면발이 더해져 아워홈만의 동치미물냉면이 탄생했다.

# 5 진주식 속풀이국

구자학 회장의 고향인 진주나 그 주변 지역 출신이 아니라면,
속풀이국이라는 음식은 조금 생소하게 들릴 수 있다.
이 음식은 우갈비를 우려낸 육수에
선지, 소고기와 곱창 등으로 맛을 낸 얼큰한 해장국이다.
당신은 부산의 한 식당에서 속풀이국을 먹은 뒤
"어릴 때 엄마가 해주던 맛, 고향의 맛"이라고 이야기하며
상품으로 만들어보자고 제안했다.
이후로도 여러 번 그 식당을 찾아가 국을 먹고 만들어보길 반복했지만
제대로 된 맛이 나오지 않았다.
어느 날 다시 식당을 찾은 연구원의 얼굴을 기억해낸 나이가 지긋한 식당 사장님이
"왜 이렇게 자주 오느냐"라고 물었다고 한다.
연구원들은 "우리 회장님 고향이 진주인데 속풀이국을 너무 좋아하셔서
직접 만들어보려고 왔습니다"라고 털어놓았다.
그제야 사장님이 "단골로 오시는 회장님을 잘 안다"라면서
필요한 게 무엇인지 묻고는 비법을 가르쳐줬다고 한다.
진주식 속풀이국은 지역의 맛, 과거와 사람을 기억하게 하는 맛을 담은 상품이라고 할 수 있다.
구 회장과 직원들의 회식 자리에서는 늘 마지막에 이 속풀이국이 나왔다.

"신제품 개발, 신사업 개척이 어렵다고 하는데 무슨 소리냐.

길거리만 다녀봐도 아이디어가 굴러다닌다."


-구자학

## 주머니에 달력 메모지

구자학 회장은 회의에서 먼저 말하는 법이 잘 없었다.

매번 모든 임원이 말할 때까지 찬찬히 들었다.

마지막으로 그의 차례가 되면 그제야 왼쪽 재킷 주머니에서

무언가를 꺼내 들었다.

그가 늘 꺼내 드는 것은 아이디어가 빼곡히 적힌 메모지였다.

글씨도 주인을 닮아 흐트러짐 없이 정갈했다.

메모지에 적힌 것은 때로는 새로운 사업 구상이었고,

때로는 본인이 찾아낸 맛집에서 착안한 신메뉴였다.

직원들이 끙끙대는 난제를 풀 실마리일 때도 있었다.

구 회장은 단연 회의에서 가장 많은 아이디어를 내는 사람이었다.

내 일에 지적을 당하는 게 싫어서 다른 부서 일에도

아무 의견도 내지 않는 임원, 아이디어 고민에 게으른 임원은

임원 자격이 없다고 그는 말하곤 했다.

구 회장의 서재에는 낮은 좌식 책상이 있었다.

그 위에는 돋보기, 약, 필기도구, 메모지가 늘 놓여 있었다.

메모지가 비어 있던 적이 거의 없었다.

돼지미소구이, 노가리와 학꽁치, 오리가슴살 요리, 피자 소스, 콩 반찬…….

알뜰하게 모아둔 LG반도체 메모지에

식자재와 조리법을 꼼꼼히 적어놓은 글씨를 보고 있노라니

한 자 한 자 사이에 그리움이 배어든다.

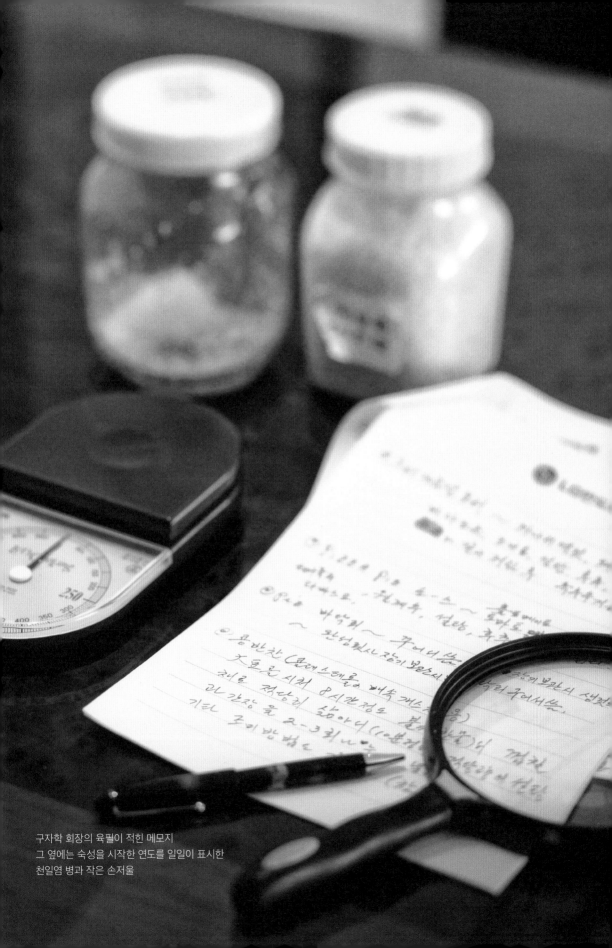

구자학 회장의 육필이 적힌 메모지
그 옆에는 숙성을 시작한 연도를 일일이 표시한
천일염 병과 작은 손저울

## 책을 쓸 사람이 왜 책을 보겠는가

어느 날 한 직원이 구자학 회장에게 이렇게 물었다.

"회장님은 어떤 책을 읽으라고 권하신 적도 별로 없고,

회장실이나 방에서도 책 읽는 모습을 잘 보지 못했는데

대체 어디서 아이디어를 구하시는 겁니까?"

구 회장의 답이 걸작이었다.

"책을 쓸 사람이 왜 책을 보겠는가."

구 회장의 공부는 다른 사람이 정리해주는 지식을 습득하는 종류의 것이 아니었다.

그는 세상의 변화를 기민하게 읽고 스스로 생각을 만들어내는 데 집중했다.

당신이 특히 애용한 매체는 신문이었다.

구 회장은 매일 아침 안경을 쓰고 일본 신문을 한 장 한 장 정독했다.

그러다 새로운 음식 트렌드나 제조·가공 기술, 흥미로운 상품을 발견하면

신문을 오려 식품연구원 직원들에게 주면서

알아보고 개발해보라 지시했다.

박람회, 국제행사는 구 회장이 빠지지 않고 찾는 '공부 출장' 장소였다.

당신은 본인의 궁금증이 풀릴 때까지 질문을 멈추지 않았다.

매년 6월이면 일본에서 '푸마'라고 불리는 식품공업박람회가 열린다.

일본 식품기계공업회가 주최하는 40년 전통의 큰 박람회다.

구 회장은 아워홈을 맡은 후 아흔이 되어갈 때까지도

매년 한 해도 빠지지 않고 이 박람회를 찾았다.

구 회장을 보내드리는 상가에서, 당신에 관한 이야기를 참 많이 들었다.

대개 생전 듣지 못한 얘기들이었다.

그중에서도 삼성·LG그룹에서 한창 활약할 때

당신이 낸 기발한 아이디어에 관한 얘기들이 많았다.

내가 몰랐던 아버지를 돌아가신 뒤에야 알게 되니 여러 마음이 교차했다.

뿌듯했다가, 또 헛헛했다가.

1   구자학 회장이
    스크랩한 일본 신문
    기사들
2   타이완 식품전시회를
    참관하는 모습(2011)

## 유행 따라 강남 간다

LG유통의 한 사업부였던 아워홈은 분리 독립 후에도
영등포에서 LG홈쇼핑과 함께 사무실을 쓰고 있었다.
얼마 되지 않아 구자학 회장이 한 가지 지시를 내렸다.
"강남에 사옥을 좀 알아보라."
1990년대 이후부터 강남은 종로, 명동 같은 구도심의 자리를 차지하기
시작했다. 구 회장은 음식 사업을 하려면 문화와 트렌드에 밝고 안목이
높아야 한다고 늘 강조했다. 그러니 아워홈 사옥도 오가는 사람이 많고
유행이 빠른 강남에 있어야 한다고 했다.
그 결과, 아워홈은 2002년 강남 테헤란로 한복판에 있던 일명 '스타타워'로
이사했다. 스타타워는 이후 강남파이낸스센터가 되었는데 이미 당시부터
강남의 대표적 마천루였다. 강남에서 가장 비싼 곳 중 하나였지만 마침
외환위기IMF 직후라 알뜰하게 입주할 수 있었다.
아워홈이 구글코리아 등 글로벌 IT기업의 케이터링을 맡게 된 것도
스타타워에서 만난 인연이 계기가 되었다.

서울 강남 역삼동 아워홈 빌딩 개관식에서
빌딩 곳곳을 둘러보는 모습(2012)

구 회장은 이후 강남 역삼동의 한 빌딩을 매입해

아워홈 사옥으로 리모델링했다.

2020년에 아워홈은 강서 마곡으로 또 한 번 큰 이사를 하게 됐다.

마곡에 큰 산업단지가 조성되고

LG그룹을 필두로 많은 대기업과 스타트업이 이동하게 됐으니,

아워홈도 비즈니스 트렌드를 빨리 따라가야 한다는 이유에서였다.

구 회장은 아워홈 독립 후 20년 만에 처음으로 사옥을 짓는 일에 골몰했다.

땅을 사는 것부터 하나하나 직접 챙길 정도로 애정을 쏟았다.

치료를 받으러 병원에 나올 일이 있으면

꼭 "마곡 가서 밥 먹자"라며 이끌었다.

아워홈을 찾아준 손님들을 위해 마곡 사옥 8층에 마련한 베네라운지

1 용인지수원 개관 현장을 찾은
구자학 회장(2017)
2 구자학 회장의 친필로 만든
표지석이 놓인 용인지수원 입구

## 별장을 연수원으로

아워홈의 연수원인 용인지수원과 주문진지수원은
본래 구자학 회장의 별장이 있던 곳이다.
구 회장이 오래전 땅을 사두고 작은 별채를 지어둔 곳으로,
당신은 종종 그곳에서 휴가를 보내곤 했다.
구 회장과 가까운 사이라 가끔 휴가를 같이 보냈던 한 후배는
주문진 새벽 어시장에서 사온 싱싱한 홍합으로
구 회장이 만들어내던 홍합 요리가 그렇게 맛있었다는
얘기를 전해주기도 했다.
구 회장은 "내가 1년에 거기 몇 번이나 가겠느냐"라며
두 곳을 모두 직원 교육을 위한 연수원으로 내놓았다.
2008년 주문진지수원이, 2017년 용인지수원이 문을 열었다.
직원 교육이 무엇보다 우선이라는 생각에서 내린 결정이었다.
지수원 입구 표지석 글씨는 당신이 직접 쓴 것이다.

## 아버지는 멋쟁이

구자학 회장은 '멋'을 사랑했다.

마음에 드는 것이 있으면 "멋있지?" "얼마나 멋있노?"

"그것 참 멋있네"라는 말을 자주 꺼냈다.

구 회장은 미각뿐 아니라 다른 미적 감각도 뛰어난 멋쟁이였다.

문화와 예술에도 조예가 깊었다.

워낙 검소한 성격이라 옷을 많이 사지 않았지만, 마음에 드는 고급스러운

옷은 몇 벌 갖춰두고 오래 깨끗하게 입었다. 과감한 스타일도 즐겼다.

한창 사장으로 일할 때는 흰 정장을 한 벌로 멋스럽게 입곤 했는데,

당시 한국에 그런 비즈니스맨은 흔치 않았다. 넥타이핀과 커프스단추도

가지런히 정리해두고 즐겨 썼다.

어린 시절 출장을 다녀오는 길에 딸들에게 사다준 코트나

원피스는 지금 입어도 손색이 없는 디자인이다.

무용과 노래를 좋아했던 구 회장은 흥이 나면
그 자리에서 멋지게 한 곡을 뽑아냈다.
해방 전 가요인 〈진주라 천리길〉, 현인의 〈신라의 달밤〉,
조용필의 〈허공〉 등 레퍼토리도 다양해 연이어 네댓 곡은 문제 없었다.
럭키 재직 시절에는 럭키창작무용단을 창단했다.
"임원들이 세련된 걸 봐야 한다"라며
부부 동반으로 오페라 관람을 하는 프로그램도 운영했다고 한다.

1 한독상공회의소 크리스마스
  파티를 즐기는 모습
2 연회 자리에서 노래를 부르는 모습
3 요트를 조종하는 모습
4-6 패션 감각이 남달랐던 구자학 회장

165

## 레스토랑은 급식의 학교다

구자학 회장은 2003년 서울파이낸스센터의 파인다이닝 레스토랑을
인수했다. 일식당 '키사라', 중식당 '싱카이' 등이 그 예다.
구 회장은 급식 사업을 하려면 수준 높은 파인다이닝도
함께 겸해야 한다고 생각하고 외식사업부를 만들었다.
가성비가 중요한 직원식당에 비해 고급 레스토랑은
고객의 섬세한 요구와 최신 음식의 경향을 민감하게 쫓아간다.
식자재와 조리법부터 젓가락 하나까지,
외식은 급식보다 더 앞서 있기 마련이다.
"고급 레스토랑은 급식의 학교이자 연구소다."
구 회장이 자주 하던 말도 이런 의미에서였다.
당신은 외식 사업에서 큰 이익이 나지 않더라도
아워홈에 파인다이닝은 꼭 필요한 사업이라고 고수했다.

아워홈이 운영하는 일식당 키사라(위)와 중식당 싱카이(아래)

"음식도 문화인데 문화를 모르면서 어떻게 음식 사업을 하느냐.
음식을 업으로 하려면 안목이 높아야 한다."


－구자학

# '학회장님'의 소울푸드     5

---

1. 위스키와 대구포

2. 집장

3. 차돌박이 1인분, 삼겹살 1인분

4. 설렁탕

5. 구자학표 아침 식단

---

소문난 미식가에 큰 식품기업의 '회장님'이니
사람들은 구자학 회장이 늘 좋고 귀한 것만 먹었을 것이라고
생각할지도 모르겠다.
하지만 당신이 평소 즐기던 음식들은 소박했다.
단출한 밥상을 좋아하고, 어릴 적 먹던 고향의 맛을 자주 찾았으며,
애주가답게 '혼술'(혼자 마시는 술)을 즐겼다.
구 회장의 대표적인 '소울푸드'들을 소개한다.

# 1 　위스키와 대구포

별다른 놀이가 없던 시절 주말 저녁이면
온 가족이 한 방에 둘러앉아 '주말의 명화'라는 프로그램을 챙겨보곤 했다.
레슬링 경기나 「보난자」 같은 서부영화를 재미있게 보았던 기억도 난다.
저녁 식사를 한 뒤 밤 아홉 시쯤 되면 구자학 회장은 온돌방에 깐 보료 위에 앉았고,
아이였던 우리는 보료 밑에 발을 넣어 뜨뜻한 방바닥을 느끼곤 했다.
그럴 때면 구 회장 앞에는 어김없이 작은 술상이 차려졌다.
그는 위스키를 온더록(얼음을 두세 개 넣은 잔에 위스키를 부어 마시는 방식)으로 즐겨 마셨다.
위스키는 꼭 얼음의 3분의 1 높이만큼 따랐다. 그래야 위스키 향이 가장 좋다고 했다.
구 회장이 술을 좋아한다는 사실이 여기저기 알려져 있다 보니,
집에는 늘 선물로 받은 온갖 종류의 위스키가 가득했다.
당신의 서재에는 커다란 술 냉장고와 안주 냉장고가 놓여 있었다.
좋고 비싼 위스키도 많았는데 본인은 아깝다며 주로 시바스 리갈 12년산을 마셨다.
구 회장은 독특하게도 위스키 안주로 대구포를 곁들였다.
시중에 판매되는 납작하게 말린 대구포가 아닌, 대구를 생으로 말려 직접 만든 안주다.
고향인 진주 인근에서 먹었던 방식이다.
대구포를 만들 때는 북어를 말리듯이 생대구를 바깥에 널어서 말린다.
겨울에 차가운 바람을 맞으면서 얼고 녹기를 반복하면 대구가 반건조 상태가 된다.
구 회장은 그 상태의 대구를 조금 얼게 두었다가 서걱서걱한 질감이 날 때
칼로 저며서 초고추장에 찍어 먹곤 했다. 옆에서 우리도 한 조각씩 얻어먹었다.
점점 공기의 질이 안 좋아지고 겨울 날씨도 그리 춥지 않게 변하면서
대구를 말리지 않게 됐지만,
아직도 학창 시절 집 뒤꼍 한편에 대구를 말리던 기억만은 생생하다.

# 2 집장

집장은 '집'과 '장醬'이 합쳐져 만들어진 단어로
'메주를 빻아서 고운 고춧가루 따위와 함께 찰밥에 버무려 장 항아리에 담고
간장을 조금 친 뒤에 뚜껑을 막아 두엄 속에 8~9일 묻었다가 꺼내 먹는 장'이다.
오래 묵혀두었다가 먹는 된장이 아니라
곧바로 꺼내 먹는 장을 '집장' 또는 '즙장'이라고 불렀다는 여러 기록이 있다.
우리 집에서의 '집장'은 묵혀서 먹지 않았다는 점을 제외하면,
사전이 정의하는 집장과는 조금 달랐다.
우리에게 집장은 큰집에 가면 먹던 음식인데,
구자학 회장의 고향인 진주 음식인지
아니면 우리 집안에서만 해 먹던 음식인지는 정확하지 않다.
집장은 여름 야채로 만든다. 겨울이 되면 야채가 귀하니 수확기인 늦여름에
고추, 가지, 배추, 무 등 각종 야채에 아주 약간의 양념을 넣어
저온에서 서서히 끓인다.
채소의 형태가 완전히 사라지지는 않지만, 즙이 나오면서 뭉그러진 형태가 된다.
상상이 되겠지만 보기에 그리 예쁜 음식은 아니다.
구 회장은 이렇게 만들어진 장을 밥에 슥슥 비벼서 먹고는 했다.
어릴 때 집장을 잡수시던 당신과 집안 어른들을 보고 신기해하던 기억이 난다.

# 3   차돌박이 1인분, 삼겹살 1인분

고기를 즐겨 먹었던 구자학 회장은 그중에서도 삼겹살과 차돌박이를 좋아했다.

여러 부위 중에서도 살코기와 지방이 적절히 있어 조화로운 맛을 낸다고 여겼다.

과식하는 일은 없었으니 차돌박이 1인분, 삼겹살 1인분만 시켜 차례로 구워 먹었다.

당신만의 세트 메뉴였다.

고기를 구울 때는 고기 육즙을 가장 잘 살리는 당신만의 비법이 있어

함께 식사하는 직원들에게 시연을 해주기도 했다.

당신 앞에서 서너 번 이상 고기를 뒤집는 일은 금기였다.

고기를 다 먹고 당신이 새로 '창작'한 된장찌개와 밥을 먹었는데,

이때 밥은 딱 반 공기만 먹었다.

고기를 먹는데 술이 빠질 수 없었다.

구 회장은 먼저 시원한 맥주를 한 잔 마신 뒤 고기를 구우면서 천천히 소주를 즐겼다.

소주를 마시는 방법도 따로 있었다.

첫잔은 잔의 90퍼센트를 채웠다.

건강을 생각해 적게 따르면 "왜 마음을 더 주지 않느냐. 정이 없다"라며

더 따르라고 잔을 도로 내밀곤 했다.

당신은 술을 한 번에 다 마셔 잔을 비우지 않고 첨잔했다.

20퍼센트 정도 남으면 다시 90퍼센트까지 채워 마시는 식이었다.

# 4   설렁탕

설렁탕은 구자학 회장이 가장 사랑했던 음식이다.

구 회장은 특히 서울 잠원동의 유명한 노포인 영동설렁탕의 설렁탕을 참 좋아했는데,

30년 동안 일주일에 한두 번은 방문할 정도로 단골이었다.

구 회장은 이곳의 설렁탕을 두고

국물이 진하면서도 걸쭉하지 않고, 깔끔하고 담백한 맛이라며 좋아했다.

설렁탕에 푸짐하게 넣어주는 고기는 썰은 두께, 모양이 적당하고

식감이 부드럽다고도 평가했다.

고춧가루를 많이 넣지 않고 "슴슴하게" 담은 섞박지는

설렁탕과 잘 조화를 이룬다고 여겼다.

간단한 한 그릇 음식이지만 배울 점이 많다고, 함께 간 직원들에게 얘기하곤 했다.

구 회장은 설렁탕이 나오면 고기부터 먹고 밥을 말아 먹었다.

대파는 듬뿍 넣는 걸 좋아했다.

섞박지 국물을 설렁탕에 넣어 섞지 않고 국물 본연의 맛을 즐겼다.

평생 먹어도 물리지 않고 맛있다고 했으니, 소울푸드에 딱 맞는 음식이었다.


# 5   구자학표 아침 식단

표고버섯 한 쪽, 은행 여섯 알, 찹쌀떡 반 쪽, 그리고 커피.

구자학 회장이 10년 동안 지켰던 아침 식단이다.

구씨 집안은 건강에 민감했다.

구 회장의 부친 구인회 창업주는 암으로 60대 초반에 돌아가셨다.

그렇다 보니 당신도 아침 식단에는 꽤 신경을 썼다.

막중한 책임에 스트레스도 많고 업무상 식사와 음주를 해야 할 때가 많았기에

아침 식단만이라도 더 잘 지키려고 했던 것 같다.

표고버섯은 살짝 데치거나 구웠고 은행과 찹쌀떡도 구워서 준비했다.

당신은 이 재료들을 참기름에 살짝 찍어 먹었다.

구 회장은 커피도 참 좋아했는데, 아침과 저녁마다 두 번씩 꼭 커피를 챙겨 마셨다.

당신 서재에는 3단짜리 안주를 보관하는 LG김치냉장고가 있었고,

그 위에 커피포트가 항상 놓여 있었다.

"내가 평소에 하는 말이 유언이다."


-구자학

# 감사의 말

특별히 감사를 전합니다

제 아버지, 구자학 회장의 일과 삶을 짚어보는 여정은 쉽지 않았습니다.

군더더기 없이 살고자 했던 분이라 당신 스스로 남긴 기록은 거의

없었습니다. 아버지와 함께 시간을 보냈던 분들의 증언을 들어야 했습니다.

어떤 일은 너무 오랜 기억이라 흐릿해졌고,

기억을 가진 분들이 세상을 떠난 경우도 많았습니다.

지금도 감히 당신의 일과 삶을 온전히 되살렸다고 말할 수는 없습니다.

미처 만나 뵙고 얘기를 듣지 못한 분도 있습니다.

그럼에도 아버지에 대한 존경과 사랑, 우정을 담아 얘기를 들려주고

이 책을 엮어내는 데 큰 도움을 주신 분들에게

특별한 감사의 마음을 전하고 싶습니다.

사랑하는 어머니 이숙희 여사님과 언니 구명진 캘리스코 이사님,

형부 조정호 메리츠금융지주 회장님, 이모 이명희 신세계그룹 회장님,

구승평 전 LG전자 부회장님, 권영수 LG에너지솔루션 부회장님,

손기락 전 아워홈 고문님, 장성호 아워홈 전무님, 차기팔 아워홈 상무님

그리고 전 임직원 여러분, 고맙습니다.

# 최초는 두렵지 않다

구지은, 아버지 구자학을 기록하다

초판 인쇄 | 2023년 8월 1일
초판 발행 | 2023년 8월 10일

지은이     | 구지은
기획       | 이인숙 강성민
디자인     | 서채홍
제작       | 강신은 김동욱 이순호

펴낸곳     | 아워홈
주소       | 서울시 강서구 마곡중앙로 10로 91
전화       | 080-234-7575
팩스       | 02-6713-6531
전자우편   | a0001384@ourhome.co.kr

ISBN 979-11-6909-124-4 03320